收藏之眼
20世纪海内外中国陶瓷收藏大家

刘越 著

回眸百年收藏之路　赏鉴千年陶瓷之美

艺术与鉴藏

王立翔
汪涛　主编

上海书画出版社

艺术与鉴藏书系

主编
王立翔　汪涛

中国艺术品的鉴藏源流及其他（代序）

艺术品鉴藏的历史，与艺术的发展历史自然有着密切的关系，但它与人类艺术行为起源并不同步。不过人类收藏活动的源头仍可推溯至人类的史前时期，主要是对食物的贮存和早期生产资料的收藏。这种收藏活动经过漫长的文明进化，历经不同的历史阶段，在不同的技术和文化条件支持、催化下，不断地附加并融合外在的功能，灌注了收藏者更多的动机和精神寄托，逐渐演化为一种复杂、高级的人类社会行为。

考古发现有力地证明了这一点。在距今有五千年之遥的许多重要遗址中，如红山文化和良渚文化遗址，发掘出了大量精美的玉器，史家判断当时已出现了较严格的等级制度。依据就是玉器的制作，需要大量的人员去寻矿、开采、运输，大量的时间去切割、琢磨、制作，其形制之不同，更是蕴藏了丰富的寓意。玉器在当时条件下具有无比珍贵的意义：它从原始的装饰物，发展成为当时最重要的部落活动——祭祀的礼器，以及王室、贵族权力、身份象征的配饰和仪仗。因此，玉器也被认定为中华民族最早具有"鉴藏"属性的艺术品之一。

以此为起点，中国的艺术品鉴藏活动开启了至少五千余年的漫长历史。从此，中国人高超的艺术创作，与发达的鉴藏活动相伴相生，鉴藏活动的起伏，又与国家社会的政治、经济盛衰休戚相关。历朝历代的艺术品为国人鉴藏活动之发育和成长，提供了丰富的物质对象，而伟大的文明进程和长期稳定的社会形态，为鉴藏活动的繁荣提供了坚实的存在基础。中国艺术是华夏文明的重要组成部分，漫长的发展时期形成了独有的根脉和系统，它与华夏民族的宇宙观念、意识形态、思维方式，以及技术工艺紧密相关，特别是技术的发展在艺术创作中发挥了关键作用，它使艺术家的奇思妙想有可能成为千姿百态的物之形态，使众多的实用器物变成了艺术品而留存于这个世上。在漫长的历史长河中，史前玉器、商周青铜、秦汉古玺、魏晋书法、唐宋绘画、明清瓷器，就如同中国文学之有楚辞汉赋、唐诗宋词般著称世界，并被公认为世界之瑰宝，艺术之巅峰。它们构成中国艺术品发展的基本源流和成就特征，鲜明地刻上了中国文化的烙印，更是历代鉴藏家财富和见识的骄傲，价值和精神的寄托。

伟大的艺术成就为艺术品鉴藏提供了客观条件，但作为鉴藏者的活动仍受制于外在的社会和技术条件，更与文化观念和时代风尚紧密相联，两者都深刻地影响着不同时期鉴藏者的主观思想。

在中国，鉴藏这种社会行为很早就与政治和礼制相关联，这一点与早期的艺术品功用有关，另外，因其财富的属性，它也代表了社会地位和权力意志。在物质条件匮乏的上古时期，财富高度积聚于上层社会，能有鉴藏行为的均为少数贵族和王室成员。"子子孙孙，勿替引之"（《诗经·小雅·楚茨》），是他们渴望财富、地位延续的最好注脚，他们将"子孙永葆"之类的文字契刻在甲骨、礼器之上，以昭示这些宝物来到他的身边，是上天意愿，并告诫子孙世世珍惜、千秋不易。这无疑是所有既得利益者的共同梦想。因此，统治阶层为维护既得利益、保持社会结构的稳定，建构了宗法等级等制度，不仅以"礼之教化"施之于民而"止邪也于未形"（《礼记·经解》），且将具怡情悦性的艺术品也赋予"成人伦，助教化"的道德教育功能，这些都成为以后统治阶层以宣示政教为主流价值观念的源头。然而社会的鼎革和国家之间利益的冲突，总是残酷地击破这些一厢情愿的美梦。因与财富和统治意志相关联，艺术品及其收藏者的命运也无可避免地与社会动荡共沉浮。《春秋左氏传》中就记录了大量宝物重器被频繁取用于政治外交，甚至于以求重器为借口而不惜杀伐征战的例证。

因此，中国早期的艺术品被赋予了复杂的社会职能，由此而产生的鉴藏观念也远远超出了对艺术品本身的关注，比如"匹夫无罪，怀璧其罪""玩物丧志""不贵异物贱用物"等等思想，都是中国早期人生观的重要组成部分。这些观念的起源，有的直接来自艺术品及其主人在历史洪流中的经验教训。最为著名的例证就是"和氏璧"，它的传奇命运，堪称是所有鉴藏故事中的极致代表，它承载了人类由鉴藏而生发的几乎所有的思考和情感。

早期史籍中大量涉及宝藏流转的相关记载，一方面说明春秋时期艺术品的藏、用活动进入了一个繁盛时期；另一方面，则体现了鉴藏观念与统治者利益和意志密切相关，它影响了社会的价值观念甚至国家行为。

值得一提的还有魏晋南北朝时期。彼时中国大地进入政权交替割据的局面，中原大批人口，尤其是社会精英多迁徙江南。因大一统的政治、军事格局被打破，独尊的儒学失去政治的庇护而大为颓弱，文化思想迎来类似战国时期那样的自由活跃环境，其中以玄学和佛教思想分别迎得知识和世俗阶层的推崇而风行尤甚。在这三百余年间，主要在南方，文化艺术达到了空前的繁荣。值得注意的是，在物质和技术条件支持下，以卷轴书画为主要鉴藏对象的艺术作品为更多的文人雅士所推崇，鉴藏活动冲破了统治阶层的权贵屏障。他们以卓越的才华，乘文事之盛，将文学、人物的品藻之风与艺术鉴赏相联系，大大开阔了艺术品鉴藏的审美视界和精神疆域，丰富了秦汉以降对艺术品功能、价值的认识，这种新思想影响了此后历朝上至帝王下至民众，尤其是占艺术品鉴藏活动主体的士大夫群体，成为以后中国艺术品鉴藏的重要特征和理论体系的核心。

如前所述，中国鉴藏史的跨度大约有五千年之久，而期间以史料遗存和获得的不一，我们对各时期的认识也差异甚大。但大致我们可以从这样几个方面来观察其发展流变的总体状貌。

1、皇家收藏，是历代鉴藏活动的主体

早期的艺术品从其基本特性中延伸的品类群生、彰显教化、煊赫治功的功能，就是王权有意宣示的各种表现，因而为帝王所看重。而随着艺术品形象、直观、美化、娱情等艺术本体特性发育得愈加显著，艺术创作的精神性沟通和悦目游艺的自由舒怀，得到了鉴藏者，尤其是王室的更为充分的认识。历朝帝王，尤其是那些对艺术品抱有浓厚兴趣、鉴赏眼光高人一筹的帝王，把以强权而"富有天下"视作天经地义，他们利用地位和权威，建府立制，或笑纳各方朝贡进献，或收罗天下珍品异宝，充栋内府禁苑；或调集天下名工巧匠，以为己用，形成以礼制政教为主体的"官家"宫廷艺术；他们的作为和标榜，直接影响了当时及后世鉴藏活动的方方面面。因此，中国历代的鉴藏活动的主体是皇家。这一现象无论是传世艺术品自身，还是在各种史志、著录中，都有充分的体现。

2、文人风尚，引领了民间私藏活动的潮流

与皇家相对应的是民间，不过这个鉴藏群体的主要构成是贵族、官宦和富商，一般平民布衣是无法跻身这个以财富为基础的特殊领域的。这其中文人士大夫逐渐成为这个群体的意见领袖，他们有的以开阔的知识视野、深湛的学问根柢、较高的艺术品味，不断探寻和开掘了鉴藏活动的内在精神世界，有的甚至亲身参与艺术创作，将思想趣味与艺术表现相融合，标榜艺术品的文化价值，分野雅俗之间，形成了不同时期的风尚。知识阶层大范围介入艺术品鉴藏活动，也起端于魏晋时期。从此，鉴藏活动与文人结缘。知识阶层的介入，大大推动了鉴藏活动内涵的完备和形式的丰富。如齐梁谢赫、北周姚最等一大批具有品鉴眼光的文人士大夫从事书画鉴藏活动，不仅开启鉴藏著录一科，更大大推进了艺术品鉴的实践总结和理论研究。及至北宋欧阳修、赵明诚、吕大临等怀经史之才，以金石学开启了鉴藏研究的崭新门径，且为鉴藏学规范的确立建有筚路蓝缕之功。到了明清两季，随着手工业的发达、海外贸易以及地下碑刻器物出土的增多，公私鉴藏异常繁盛，受朴学的影响，一些阁僚高官和学界大家发挥了至关重要的学术探究、引领鉴藏的作用，如文徵明、钱谦益、翁方纲、阮元、何绍基、陈介祺、吴大澂等都成为知名的学者型鉴藏家。文人士大夫在鉴藏活动中地位的不断凸显，与他们在中国社会阶层的地位变化极为有关。

3、鉴藏活动的盛衰，与历代的政治经济社会文化的发展轨迹密切关联

纵观历朝的艺术品鉴藏之发展，每逢政治清明、社会安定、经济繁荣，正是鉴藏活跃发展的大好时期，而鉴藏的重要对象——各种艺术品，包括字画和瓷器、铜器、玉器等各种古器物，本身也是前、当代社会昌明文化发达的结晶，这印证了与艺术有关的技术条件和创作水平的不断提升。鉴藏活动开掘了艺术品的经济价值，推进了艺术的实践探索和与之相关的工艺发展，对社会经济文化的繁荣产生了积极的影响。但随着财富特性的愈加彰显，艺术品也诱发着人类本性中自私奢靡乃至贪婪的阴暗一面，因而随之产生了巧取、豪夺、贿赂、厚葬、盗墓、作伪等等与鉴藏相伴随的种种肮脏行为。

4、皇家鉴藏高度聚集，造成中国历代艺术品亦得亦失

如前所述，历代鉴藏活动是以皇家庋藏为中心。数千年以来，历代帝王一直自视中华为文明之邦，有着崇尚文物，聚蓄典籍、宝藏的传统。《历代名画记》所记汉武帝"创置秘阁，以聚图书，汉明（帝）雅好丹青，别开画室，又创鸿都学以集奇艺，天下之艺云集"，或许是史料记载下的皇家首次大收藏行动。后代的帝王纷纷效仿，尤以新朝初立为甚，并不断在体量上扩充，以至天下宝物，收罗殚尽。如此高度聚藏的结果，就是所藏文物命悬国运，而最终等待的是王朝倾覆、累世所藏毁于一旦的悲剧。类似浩劫几乎每遇重大战乱、帝都失控，历朝都会悲剧重演，屈指数来，宫廷庋藏之殇，竟有十次之多，而造成的损失，实是华夏文明的一次又一次灾难。宫廷收藏是封建帝王专制统治下的必然产物，作为鉴藏史之主要构成，其始末成因，所得所失，洵足后人深刻探究和反省。

5、分野于鸦片战争的中国艺术品域外鉴藏

无论是从中国鉴藏史的完整性还是从世界文化交流的不同视角来看，域外中国艺术品鉴藏都是一个十分重要的内容。这些区域、国家与中国的历史渊源和当时关系各不相一，所受文化影响程度也不尽相同，因此鉴藏的情状也各不相同，对这些情状的研究有助于认识中国艺术品在世界范围内的影响和意义。

域外鉴藏首先要研究中国的艺术品是如何"走出去"的。中国虽然西困高原沙漠，东濒滔滔大海，但艺术品鉴藏活动的范围绝不仅限于中国本土，最为著名的丝绸之路和海上交通，分别最晚于秦汉完成了与周边邻国的沟通。借助贸易和外交活动，中国艺术品必然早早地担负起文化、经济交流的使命，丝绸、瓷器因最受域外民族的欢迎而成为了中国制造的主角，甚而演为中国的代名词。到了盛唐，对外贸易线路发展到了七条之多，距离、规模均创空前。虽然丝路海上此消彼涨，但中国艺术品出口的态势基本未变。直至鸦片战争，国门被西方船炮彻底轰开，贸易主导的方式完全颠倒，域外中国艺术品鉴藏活动的性质截然改变。与中国近代历史的转捩一样，鸦片战争（以圆明园劫难为标志）成为中国域外鉴藏活动的转折点。

1860年的圆明园劫难，不仅导致了这座旷世园林和一百五十万件艺术品直接被损毁劫掠，更开启了近世中国文物不断流散的噩运，成为中国鉴藏史上最大的一次浩劫。就在清王朝命数将绝之时，又先后发现了震惊中外的殷墟书契和敦煌宝藏，正值动乱的中国无力看护这些19世纪末20世纪初的重大发现，仅敦煌文物就被英法俄日美等国以多支探险队名义巧取掠走至少二万六千余件。进入民国，仍国事动荡，战乱连绵，从出土到传世，从故宫到民间，国内外各种势力和个人利用抢掠、偷盗、贿授、骗夺、私贩、交易等种种手段，导致中华文物频频流向海外，以至无法计数。所幸的是在此间的历次战火中，中国艺术品最重要的遗脉——皇家珍藏，历经万险，虽此后海峡相隔，但大体未损，仍在中华子孙手中，也算创下一个鉴藏史上最庆幸的奇迹。直至中华人民共和国建立，动荡逾百年的一段伤心史终于划上了句号。

中国艺术品身处异邦的命运及其产生的影响，是鉴藏研究的另一个重要内容。从近世算起，中国艺术品在域外的历史也已经将近有两个世纪的历史了。在如此漫长而又背景不同的历程中，尤其是在近代以来付出惨重代价，我们历数那些人和物，心中不由泛起复杂的感情。但总体而言，中国的历史文化和艺术成就逐渐赢得了世界的尊重，尤其在今天，中国综合影响力的上升，更推动了中国艺术品珍贵价值的再认识。客观上，域外的中国艺术品收藏，与其他国家或民族的文明成就一起，汇聚成了人类共同进步的光环。

我们梳理了中国艺术品鉴藏的一些源流及部分特性，就可以感受到"艺术品鉴藏"一门，有着极其丰厚的内容和复杂的历史轨迹。它可能由物（艺术品）或人诱发一段机缘，产生复杂的事态、感情甚至思想，由此开启一段物（艺术品）的"生命"历程。这一"生命"也许片刻夭折，也许顽强地生存且超过几十代人总和；它与同它的不同主人恩恩怨怨，历尽磨难，也犹如沧海一粟，见盛观衰，尝尽世态炎凉。它诞生于一方特殊的土壤，满身中国的基因，读懂它鉴别它珍视它，需要与它一样植根于中国的历史文化之中；评估它研究它欣赏它，需要积聚它历任主人的学识素养，并发扬超越前人的才华智慧和无微不至的爱心。

中国艺术品鉴藏就是这样一项富有神奇魔力的人类活动，它贯穿构想、制作、鉴别、流通、度藏、欣赏等多个过程，每个过程既与艺术创作发展及其精神诉求有着紧密的关联，又有其自身的内在特性和规律，都需要专业手段和学科知识的支撑，涉及诸如历史、社会、经济、文化、思想、心理等等领域，拥有极为丰富的内涵和精神世界。中国艺术品鉴藏历史如此悠久，近十几年来也已成为十分热门的行为和受关注的话题，但深入关注鉴藏内涵和史实研究的工作却并不多，而呈现出鉴藏界人士追逐利益多、鉴藏行为鱼目混珠多、问题研讨浮于表层多的现象。中国的鉴藏研究必须要向更高的学术水准发展，或有以下几项工作亟需得到学界重视：

1、加强符合现代学术规范和体系要求的鉴藏学科建设

如上所述，与鉴藏学有关的领域如此众多，那就意味着它必然是一门交叉性学科，需要足够开阔的学术视野、结构多元的知识作基础，去总结传统的鉴藏学问和手段，吸收其他成功学科的经验，逐渐架构起一整套严谨的系统方法。这项工作在中国起步晚，虽有诸多有识之士推动，但相关的教学或研究往往仍限某一局部，尚未迈出整体的、学科建设性的步伐。

2、加强追踪、梳理世界范围内中国艺术品的往世今生，加快挖掘、整理相关的历史文献

这是鉴藏学科发展和研究的基础。如上所述，历史上，尤其是近代以来中国艺术品散失的情况非常严重，今人应利用各种条件弄清历史上和现存的中国艺术品状况。另外，有关中国鉴藏方面的文献，总体上呈前疏后详的特征，如何去伪存真，辨析纷乱的信息，相关专家应继承、发扬中国学术传统，系统整理史料，开掘传统著录之外的海内外新文献，以便今人站在前人肩膀上，去接近历史的本相。

3、要融汇相关的学术成果，运用客观的史观、严谨的方法，将个案研究和宏观论述相结合，来系统梳理和总结中国的鉴藏史

一方面，我们要将鉴藏史放入中国历史之中，在具体的政治经济文化环境下，去探寻接近人

（收藏者）—物（艺术品）—事（过程）的真实，去追寻它们之间的关系、缘由和潜藏的意义。另一方面，我们要用更宏大的视野，将中国鉴藏史放置于世界的格局中，去直面、探寻、记录、辨析在异乡他国的中国艺术品鉴藏的行为、过程及其理解、认识，去审视中外有关鉴藏文化的异同，这其实是近代以来中华文明在世界中之价值命题追问的延续。

4、要从艺术与鉴藏之间的关系，来审视两者的相互作用

艺术品是鉴藏的对象，在一定条件下，其作用关系发生互换。鉴藏的主观意愿或形成主导或分化群体风尚，又作用于艺术品的创作；随着鉴藏者欣赏口味的变化，艺术创作的审美趣味、创作观念、方式风格都会产生相应的变化。而随着鉴藏活动的深入，艺术作品价值的提升，艺术品的作伪和鉴伪也应运而生。艺术与鉴藏之间，在不同时代，产生了无数的案例和经验教训，是鉴藏一门需要花大力气去梳理、研究的课题，也是对当今鉴藏活动最有现实影响的主题。

艺术品鉴藏是一种社会活动，也是一种精神活动。根植于中华民族文化土壤的中国艺术，以其独特的呈现方式屹立于世界之林，并以其东方精神，滋养着每一位与它相视而会意的观者、藏家。这就是中国艺术品鉴藏的魅力所在——人与藏品达到"相知""通神"的境界。鉴于中国艺术品鉴藏其内涵如此之丰富，而与之有关、亟需去展开的工作如此之多，我们从三年前就开始探讨如何搭建平台，搜寻、组织、出版海内外史料翔实、史论交互、方法新颖、主题鲜明的高质量研究著作，为开掘尘封已久的史料，厘清错综迁延的鉴藏史脉络，寻绎和逼近历史真相，尽些所能。如今终于迈出实质性一步，兴奋之情，溢于言表。在这里，我们要感谢所有参与者的倾情付出，也期盼海内外更多的学界朋友，来为中国艺术品鉴藏研究的深入，作出共同的努力。

主编

2014年3月

目录

中国艺术品的鉴藏源流及其他（代序）

3　　导言

14　　约翰·摩根　洛克菲勒

27　　乔治·尤摩弗帕勒斯

37　　大维德爵士

72　　阿尔弗雷德·鲍尔

86　　横河民辅

97　　洛克菲勒三世　布伦戴奇

107　　安宅英一

121　　松冈清次郎　出光佐三

131　　胡惠春

144　　赵从衍

156　　天民楼　鸿禧美术馆

166　　玫茵堂

导言

中国陶瓷,自古就以其卓越品质而被世界其他各国所珍视。虽然唐宋时期中国部分陶瓷品种已远销海外,但直到17世纪以前,欧洲人对中国陶瓷还较为陌生,直到1517年,葡萄牙开辟好望角通往印度的航道到达中国广州以后,才开始了中国瓷器大规模运销欧洲的历史。最开始,瓷器只是作为奢侈品而藏于欧洲各国的王室、贵族和富贾。据说1607年法国王子用一只中国瓷碗喝肉汤,已是了不得的事情。英国与中国瓷器的大量贸易始于1600年的东印度公司时期,但也主要是以当时的日用和观赏瓷为主,还谈不上收藏。

瓷器成为收藏品,与西方人对中国陶瓷认识和研究的深入有关,历史上第一部研究中国陶瓷的西文著作,是由中文典籍翻译而成的译作,即蓝浦所著的《景德镇陶录》。此书于1815年在中国刊印,其后1856年由儒莲(S. Julien)译成法文在巴黎出版。稍后不久,另两册更为重要的法文版中国陶瓷著作在19世纪相继出版,其一为1881年由O.Du Sartel所著《中国瓷器》(*La Porcelain de Chine*),其二为E. Grandidier出版于1894年的《中国陶瓷》(*La Ceramique Chinoise*)。到了19世纪末期,英国成为当时世界第一强国,号称"日不落帝国",殖民地遍布全球。英国人自古就是个喜欢冒险的民族,打着考古、冒险、考察的名义,在全世界范围收刮其他国家的艺术品,中国也未能幸免。中国瓷器在欧洲汇聚着、流转着,产生了一大批有影响的藏家、学者、大行和机构,欧洲收藏中国瓷器珍品的序幕,就此拉开。

美国于1783年(清乾隆四十八年)结束独立战争,但在文化和审美的潮流风尚方面依然深受英国等西欧国家影响。18世纪中期,美国本土的富豪家族最先出现在波士顿、纽约、费城、巴尔的摩等城市,他们开始有了收藏高端艺术品的广泛需求,最开始是欧洲艺术。到1860年,第一个日本使团对美国的访问强化了美国人对东亚艺术，尤其是日本艺术和文化的兴趣，而1876年，费城百年博览会，日本艺术品开始受到广泛关注，中国陶瓷器也开始进入美国收藏家的视野。1851年，沃尔特斯（W.T.Walters），这位来自巴尔的摩的商人和艺术赞助者，在伦敦水晶宫展览上被来自中国和日本的陶瓷所吸引，成为美国本土第一位赫赫有名的中、日陶瓷收藏家。1894年他去世时，已有约2400件中国陶瓷藏品，这个收藏最终构成了现在巴尔的摩沃尔特斯艺术馆的馆藏基础。

本书关注的时间段是从19世纪末至20世纪末这一百年。由于特殊的历史原因，这段时间对于海外以及中国大陆以外的中国文物收藏家来说是无比幸运的，旷世机遇造就了本书所记录的十余名海内外中国陶瓷收藏家的顶级私人收藏，其藏品水平和市场价值可与世界各大博物馆比肩。时至今日我们发现，由于时代的变迁，这样的个人成就只能瞻仰，无法复制。

本书所记录的第一位收藏中国瓷器的海外藏家是约翰·摩根（J.P.Morgan），美国银行家。他于1901年组建美国钢铁公司，成为世界上首个跨越资产10亿美元大关的企业。自1890年起，53岁的金融大亨摩根开始大量购买各种门类的艺术品，中国瓷器是其中重要一项。像他这样事业繁冗庞大却又兴趣广泛的的藏家，是没有时间和精力去仔细研究和分辨中国瓷器的特征和品种的，所以他选择了从当时几位有实力的藏家或古董商手中整批买进，因而其收藏所展现出的风貌实际上可以说代表了西方收藏界的"行家"们在19世纪末对中国瓷器的认识水平。在美国的镀金时代，许多豪宅一夜之间拔地而起。中国瓷器就成为那些企业大亨们，将居所装扮得充满浓郁富豪氛围的首选。特别是康熙瓷器那丰满完美的造型，其上绘制的吉祥喜乐的图案，传递着一种全世界通用的富贵和特权气息。这些康熙瓷器，并不是我们惯常理解的康熙官窑御瓷，事实上中国的官窑瓷器过去根本不会大量出口，除了极少量赠给外国皇室或使节的礼品瓷，即使在中国国内，普通臣民也是见不到官窑瓷的。可以说，20世纪初期之前，西方人甚至没见过多少中国官窑瓷，西方社会对中国陶瓷的所有美誉，其实也都是针对通过贸易而来的中国外销瓷。许多瓷器的装饰图案是依照外商从欧洲带来的样品由中国画工精心摹绘的。

在摩根于1913年3月31日在罗马因病去世后，以小洛克菲勒（J.D.Rockefeller Jr.）为代表的洛克菲勒家族成为了美国人收藏中国瓷器的代表。老约翰·洛克菲勒一世（J.D.Rockefeller）于19世纪下半叶创办美孚石油公司，通过石油生意积累了巨额财富，他开创的石油王朝在美国拥有垄断地位达85年之久，他也是人类有史以来第一位亿万富翁。小洛克菲勒和摩根一样，对康熙时期的外销瓷有着特殊的偏爱，不惜花费巨资大量购买。然而时代审美的风向正在改变，尤其是以1900年八国联军侵占北京，掠夺了大量中国皇家文物为起始，代表着中国制瓷业最高工艺成就的官窑瓷器开始大量外流。另外，中国各地开始修建铁路，破坏了大量古代墓葬，大批宋元以前的古陶瓷被发掘出来，并流向海外。西方世界对于中国瓷器的审美趣味也开始发生转变，收藏家们不再出高价购买有丰富装饰的明清瓷器，转而青睐更朴素、纯洁，年代更久远的单色釉瓷或古陶器。本书所记录的第三位收藏家乔治·尤摩弗帕勒斯（George Eumorfopoulos）即是如此。

乔治·尤摩弗帕勒斯是20世纪上半叶英国最卓越的中国陶瓷收藏家之一，被认为是英国收藏中国瓷器的执牛耳者，他的兴趣显然与比他早一代人的摩根不同。他将唐宋瓷器确定为他的收藏主项，自清末民国以来，中国大陆被盗掘的墓葬中出土的唐三彩和陶俑等随葬品在西方市场上不断出现，由此逐渐形成收藏风气。1909年，伦敦伯灵顿美术俱乐部（Burlington Fine Arts Club）委员会对此产生兴趣，决定在明年夏季举行一个中国早期陶瓷展。1910年，伯灵顿美术俱乐部展出尤摩弗帕勒斯所收藏的汉唐陶俑，并于次年出版《1910年伯灵顿美术俱乐部中国早期陶瓷展览图录》。这次展出的中国高古陶瓷，第一次吸引了西方收藏家、学者以及中国艺术爱好者的注意力，不仅改变了之前西方重视中国明清外销瓷器的品位，更奠定了高古器物占据20世纪中国艺术品市场的主要地位，开启了高古陶瓷在国际市场的地位，奠定了陶瓷收藏的正统观念。

相比美国早期富豪们较为"任性"的收藏，英国对中国古代陶瓷的收藏，是建立在学术研究和考古发掘的基础上，并广泛利用本国和海外的收藏，结合历史史料，进行实证探讨，有非常高的科学性。他们凭借西方学者严谨认真的科学态度，利用现代科学的研究手段和方法，做出了不可磨灭的贡献。其中，不得不提罗伯特·L·霍布森（Robert L.Hobson）。霍布森于1929年最早发现了明代以前的青花瓷器，并奠定了官窑陶瓷断代史研究基础。1910年至1950年间，霍布森不仅为本书中提到的两位大藏家乔治·尤摩弗帕勒斯和斐西瓦尔·大维德爵士（Sir Percival David）等人编写了藏品图录，更系统梳理了当时英国博物馆和收藏家所藏的中国瓷器，完成了一系列划时代的巨著，如 *Chinese, Japanese, Corean Porcelains*、*Chinese*

Portery and Porcelain、*The Wares of Ming dynasty*、*The Later Ceramics Wares of China* 等。同时，英国对中国古代陶瓷的研究，还表现在艺术沙龙、专业机构及相应的专业刊物的出现。如1866年由艺术爱好者发起成立的伯灵顿美术俱乐部，1921年由尤摩弗帕勒斯创立的东方陶瓷学会（Oriental Ceramic Society）等。这些机构，定期举办学术沙龙和专题展览，为收藏家、研究学者和博物馆提供了一个藏品展示、学术交流的平台。在这一系列背景下，可称之为历史上最伟大的中国瓷器收藏家之一的斐西瓦尔·大维德爵士出现了。

即便有前面一系列历史因素的铺垫和雄厚的家庭财力做基础，我们也无法不对大维德爵士在中国陶瓷收藏上所取得的辉煌成就膜拜。他所收藏的1400多件中国瓷器，绝大多数为历代官窑中的顶级精品和带重要款识的资料性标准器，其中包括仅次于两岸故宫博物院的汝窑收藏和海外最好的珐琅彩瓷器收藏，以及被陶瓷界以他的名字命名的元青花标准器"大维德瓶"。他于1935年发起和组织的伦敦国际中国艺术展，吸引了来自包括中国在内的15个国家、240个租借单位及个人的3080件中国文物参展，第一次全面地向世界展示了中国艺术，不仅使故宫藏品第一次走出国门，而且聚集了大部分当时散落在海外的中国文物精品，成为中国文物展览史上前无古人后无来者的绝唱。

他还是西方最早研究汝窑的学者，是西方公认的研究中国官窑瓷器的权威。他将明初曹昭的《格古要论》3卷和王佐《新增格古要论》13卷全部翻译成英文，成为西方学者和收藏家广泛应用的工具书，他在伦敦大学亚非学院（SOAS）设立了英国乃至西方第一个中国艺术大学学位课程，并将其收藏的全部瓷器及与中国艺术相关的中外书籍包括很多古籍珍品捐献给亚非学院，成立大维德中国艺术基金会，使之成为西方研究中国陶瓷的重镇。

可以肯定地说，大维德爵士就是过去一百年来世界私人收藏家中最伟大、最有影响力的中国陶瓷收藏家，同时他也是海外公认的最具中国宫廷欣赏品位和学术眼光的收藏家和鉴定家，他收藏的中国陶瓷质量之精、品位之高、学术价值之大，是西方其他收藏家所无法比拟的，因此本书中用最长的篇幅来介绍他的藏品和收藏故事。

我们也必须承认，大维德爵士能取得这样高的收藏成就，围绕在他身边的古董商所发挥的作用也不容忽视。虽然发源于欧洲的拍卖行始终是顶级艺术品的重要交易渠道，但在19世纪晚期到20世纪中叶这段时间里，中国古代艺术品更多是通过古董商的渠道从中国流向欧洲。古董商凭借家族式经营积累下来的专业知识和人脉，对当时的艺术品定价有极大影响，俨然成为中国艺术品交易的主要渠道。这其中的代表有S. Gorer & Sons, Bluett & Sons, Spinks & Sons等，与大维德几乎同时代。生活在瑞士的中国瓷器收藏家阿尔弗雷德·鲍尔（Alfred Baur）就是如此，他的收藏方式是让古董商富田熊作寻找可能的收藏目标，并随时将藏品的情况发给他，供其评鉴。

古董商富田熊作曾任山中商会伦敦分会的店长，也曾帮助大维德爵士购买藏品。有趣的是，由于鲍尔和大维德的收藏都得益于富田熊作，二人的收藏面貌似乎也呈现出一些互通有无的关系。比如鲍尔的收藏中，尤其是唐代以后的部分，和大维德在审美风格上基本接近，都是崇尚宫廷逸致，强调瓷器的艺术性和高贵等级之间的良好衔接。

大维德爵士和鲍尔的收藏对未来的收藏家而言意义深远。首先，收藏家应以机会主义的方式将收藏与兴趣紧密结合起来。其次，他们非常擅于和专业古董商合作，自始至终充分信任他的供应商，并衷心感谢他们为其收藏事业所作出的贡献。第三，他们及时为其藏品的未来拟订了计划。如果他们不这样做，这些藏品很可能会随着他们的逝世而散佚，他们一生的成就将无法得到续写。鲍尔得到了一处理想的展馆，成立了一个资金状况良好的捐赠基金会，还挑选了一群可信赖的日内瓦市民作为其托管人。这些都有利于保护其藏品，并使鲍氏东方艺术馆（The Baur Foundation, Museum of Far Easter Art）成为日内瓦一流的博物馆之一，而大维德爵士更是和伦敦大学合作成立了大维德中国艺术基金会，现该基金会的全部藏品已长年在大英博物馆展出，为后世留下了一份完整而宝贵的财产。

此时日本的情况与欧美不同，虽然清末民初的社会动荡使得大量明清官窑瓷器在20世纪二三十年代流入古玩市场，但是当时的日本并不喜欢这类瓷器，收藏界也未表现出相应的兴趣。日本的主流收藏家，对中国瓷器的兴趣主要在于宋瓷，而不是常见的色彩绚丽的明清官窑作品。日本好骨堂古董商中村作次郎走完北京琉璃厂后曾感叹："中国的旧货店虽然东西很多，不过适合日本的东西却很少。因为中国是个革命多发的国家，旧东西，如明代以前的陶器、宋元左右的好东西，日本反倒有，而其本土中国却甚少。当今北京那边的东西，主要是清朝的东西。"在他看来，清代的东西过于艳俗，是"适合欧洲的东西"。

日本收藏家横河民辅的收藏观却与当时日本主流的收藏观点不同，他更希望通过收藏各个时期的作品，通观中国陶瓷发展史，这一点尤其体现在明清官窑瓷器的收藏上。横河民辅的藏品有许多极为精美的明清官窑瓷器，极大地充实了日本国内的中国陶瓷收藏。因此我也把他写入本书之中。

摩根、洛克菲勒等人的收藏集中在第一次世界大战之前，尤摩弗帕勒斯、大维德、鲍尔和横河民辅的收藏则集中形成于第一次世界大战到第二次世界大战之间，这是中国瓷器收藏的黄金时代，也是过去一百年来海外中国陶瓷收藏史的上半区。一切都可以第二次世界大战为分水岭，之后的世界，包括收藏家的选择，都将发生一些变化。

第二次世界大战改变了西方世界对东亚艺术的收藏格局，传统的西方主要国家相继衰落，战争导致欧洲在世界的主导权开始逐渐丧失，而美国则通过这场战争进一步崛起。二战后，世界贸易秩序受到打击。美国凭借经济实力建立了布雷顿森林体系，掌握了资本主义世界货币体系的主导权，各国货币与美元挂钩，美元与黄金挂钩。美元强劲的购买力，使美国人在购买中国陶瓷艺术品上占据优势地位。

传到第三世，洛克菲勒家族的掌门人是小约翰·戴维森·洛克菲勒（John. D.Rockefeller III）。出生于世界上最富有、最有权势的家庭里，洛克菲勒三世完全继承了父母对亚洲艺术的热爱。在西方，艺术品收藏是一种传统，人们收藏和鉴赏的兴趣是从小开始培养的：逛美术馆、看画展、学习美术史等等的活动是他们日常生活的一部分。因此，当一些西方的富翁选择收藏和投资艺术品时，有相当一部分的人已经具备了非常良好的鉴赏水平。对于这些大收藏家来说，艺术收藏的终极目标是将藏品展出和捐献给美术馆，以此来提升他们自身的社会地位与藏品重要性。世界上许多的重要美术馆，都是建立在一些私人收藏家的收藏捐赠上的。当然，西方政府对于这样的捐赠行为给予的扶持政策，如抵税、抵押贷款等，大大地促进了西方收藏家的捐赠行为。

有别于父亲洛克菲勒二世追求瑰丽的清瓷，洛克菲勒三世更喜欢来自中国唐宋、明清时期的陶瓷，并以收藏的质量和数量而闻名。1978年洛克菲勒三世去世后，他的夫人将两人以30年心血集藏的两百多件亚洲文物精品，包括中国官窑瓷器，印度、东南亚雕塑，日本浮世绘版画，织品等，捐赠给他一手创立的亚洲协会

（Asia Society），向公众开放。在美国，收藏家在过世后，处理藏品的最通常方式是捐赠给博物馆，很少会留给子孙，因为这样做要交大笔的遗产税。因此，美国的大大小小博物馆及其馆藏，基本上是由私人捐赠或以私人捐款购买的。比如旧金山亚洲艺术博物馆（Asian Art Museum），建于1966年，是一座以收藏亚洲文物，尤其是中国文物为主的，在全美拥有亚洲艺术藏品最多的博物馆，馆里很多文物都是艾弗里·布伦戴奇（Avery Brundage）捐赠的。

艾弗里·布伦戴奇是美国历史上唯一一位担任过国际奥委会主席的人，于1952年至1972年任国际奥林匹克委员会的第五任主席。因为他有国际奥运的经历，所以他的旅游足迹非常广泛，这样也增加了他对世界文化的认知，尤其对亚洲艺术的欣赏。第二次世界大战后，在美日本古董商的许多物品被扣押拍卖，布伦戴奇因此有机会购买了当时最好的物品。到了50年代后期，布伦戴奇越来越关心如何长期处置他的收藏品。1959年和1969年，布伦戴奇两次向旧金山市捐赠他的大量藏品，成为了旧金山亚洲艺术博物馆建馆之初的藏品基础。1975年布伦戴奇去世时在其遗嘱中把所有剩下的藏品留给了旧金山亚洲艺术博物馆。如今，馆内的17000多件展品中有7700件来自于布伦戴奇的收藏。

日本虽然在二战中损失极大，但却成为战后最快崛起的经济强国。20世纪50年代，安宅产业株式会社成为日本十大综合商社之一。综合商社是日本最古老的企业组织，商社成员们从事着日本最重要的进出口贸易，内容几乎无所不包。以钢铁产业起家的安宅产业在当时资金雄厚，第二代领袖安宅英一，是一位极具艺术天分的收藏家。在他的指导下，安宅产业从战后的50年代就开始收集，至1976年时已收集了1000件左右的精品，藏品包括中国、朝鲜以及东南亚陶瓷。安宅英一的中国陶瓷收藏不仅质精，而且品种多，其藏品几乎涵盖了中国陶瓷史上各个著名窑口，既有充满宫廷趣味的官窑器，也有在传统鉴赏领域被忽视的民窑作品。但日本人收藏中国陶瓷与欧美不同，他们比较排斥以工艺精致取胜的清代瓷器，比如安宅，他要求藏品要具有"静谧"和"峻烈"感。因此清代的中国陶瓷并不在他的收藏范围之内。他认为陶瓷器不应该简单地给人以美学价值，更多的应该是具备使人精神高扬奋发的力量。这些收藏后来都归于大阪东洋陶瓷美术馆，成为日本收藏中国陶瓷的一个代表。

日本经济的高速增长一直持续到20世纪七八十年代，不少大企业主、收藏家在世界各地大量购入艺术品，希望建立自己的私人博物馆，松冈清次郎和出光佐三等人便是其中的代表，他们分别创立了松冈美术馆和出光美术馆。松冈美术馆的收藏品多达1800多件，完全是松冈清次郎凭借一己之力，在不到20年的时间内购入的。

这个时代的收藏家购买瓷器的主要途径开始变为以拍卖会为主，随着信息时代的逐渐来临，很多固有的圈子被打破，藏家们也开始更为信赖通过公开、公平、公正的拍卖竞价渠道来获取藏品，松冈清次郎认为，在诸如苏富比（Sotheby's）这样的国际大型拍卖公司的拍卖会上，瓷器珍品可以大量集中出现，仿品很少，他既不需要太担心拍品真伪的问题，又能相对容易遇到自己心仪的东西。因此日本人成为了七八十年代国际拍卖会上中国古代陶瓷的主要买家。

20世纪50年代之后，由于种种历史原因，中国内地的文物收藏活动进入长达三四十年之久的"封闭期"，而内地以外的华人收藏家，依旧延续着他们的收藏事业。其中瓷器方面的代表人物是民国时期上海的收藏大家胡惠春。20世纪50年代，胡氏全家移居香港。不过，在香港继续中南银行业务的胡惠春，并没有断掉与内地文物界的联络。1949年后受中国政府号召，胡惠春将大量因战乱散失香港的重要文物运回内地，并将自己的收藏先后于50年代和80年代两次捐给上海博物馆，达300余件之多。在香港，胡惠春又于1960年创建"敏求精舍"收藏组织，并连任八届主席。敏求精舍集中了香港地区品位高雅的收藏家、鉴赏家，至今保持着很高的收藏层次。

70年代正值中国艺术品市场上升期，1973年，苏富比同连卡佛合作，在香港成立分公司，开始在香港拍卖，一种新的交易方式开始影响香港古董市场，包括中国古代陶瓷在内的众多古董精品以拍卖会公开展览竞价的方式呈现在华人世界，这极大地调动了华人资本新贵们对于文物的收藏热情，新收藏爱好者由此崛起，其中几位成为世界级私人收藏中国陶瓷的大家。赵从衍即为其中的代表人物之一。

赵从衍出生于江苏无锡的一个政府官员家庭，后移居香港，1949年创立的华光船务公司曾发展成为全球航运界无与伦比的拥有60艘货船和油轮的"船舶租赁第一雄"，其商业帝国不仅纵横全球海域，更涉足香港地产业，赵从衍也成为了香港有名的超级富豪，得到了"一代船王"的美誉。20世纪70年代，赵从衍退居幕后，开始迷上了古董，那时的香港，有一个以老派收藏及传统行家审美观念引导的艺术品市场。从这一时期艺术品的去向可以清晰地看到，大价位的古董几乎都是藏家所得，藏家们用富余的钱来购买古董。这个时期会有一些人有投资意识，但没有纯粹为投资而收藏的人。赵从衍也是如此，因而80年代当他遭遇经济危机时，不得不出售大部分藏品。

与赵氏藏品的散佚相比，"天民楼"则幸运得多，天民楼是香港企业家葛士翘先生1987年创办的葛氏藏瓷堂号。葛士翘先生乃民国时期的文化界人士，同时亦是商界与藏界之传奇人物。50年代初，葛士翘先生赴香港发展，事业如日中天。事业上的成功为葛士翘带来殷实的财富，也为日后天民楼的创建打下坚实的基础。葛士翘先生晚年决定涉足收藏事业。1987年，葛士翘的"天民楼藏瓷展"在香港大会堂举办，展品涵盖从元至清代康雍乾时期的瓷器精品163件，一时轰动整个香江。20世纪90年代，葛士翘之子葛师科从父亲手中接管天民楼。天民楼藏瓷基业之幸，有赖于其毫不逊色的传人葛师科。在父子二人近半个世纪的细心耕耘下，天民楼藏瓷蔚为大观。

80年代台湾经济腾飞，有"亚洲四小龙"之称，经济的富裕带动了私人收藏的丰富，台北著名实业家、文物收藏家、鉴赏家张添根及其子女两代家族成员累积和搜罗而建成的鸿禧美术馆，曾是台北举足轻重的文化据点，业界将之奉若圭璧，并赐以"台北小故宫"之荣称。其中收藏的中国古代陶瓷藏品，既多且精，涵盖陶瓷史各时期各窑口的代表性作品。可惜90年代末，鸿禧集团出现了财务危机，美术馆不得不把部分藏品分散出去。作为藏家，收藏的目的是爱好，是把所有有文化价值属性的艺术文化遗存收藏起来。而艺术品运营商的目的则是找到最好的文化艺术收藏品，以最好的价格，把藏家留下的这些对自己而言的"无价财富"卖给最爱它们的下一任。在华人收藏圈内，如何处理收藏和投资的关系，一直是20世纪后半期的藏家们在个人财富或盛或衰时，所难以面对和处理的问题。

同是在七八十年代，一份更为完整和宏大的个人收藏正在欧洲逐渐建立起来。富有传奇色彩的玫茵堂收藏，被誉为是20世纪西方收藏界中最杰出的中国艺术品私人收藏，与闻名遐迩的大维德齐名，并且是除两岸故宫藏品以外，冠绝中西的最齐全、最重要的中国古代陶瓷收藏。

玫茵堂，取意玫瑰如茵、花开遍地之意，坐落于瑞士苏黎世东南。裕利兄弟（Stephen and Gilbert Zuellig）的祖父于1912年购置了这处房产，现今这里长长的地下画廊被用于陈列家族的珍藏。20世纪后半期开始，裕利兄弟把他们创造的财富逐渐用于购买中国的艺术品。玫茵堂的传奇里，留下了20世纪很多古董商的印记，正是这些知识渊博、经验丰富、眼光独到的大行家们，协助裕利兄弟迅速而准确地找到理想的藏品。

60年代初，裕利兄弟认识了著名的新加坡古董商Helen Ling。Helen Ling是新加坡东南亚陶瓷学会的创立人之一。在Helen Ling的指导下，裕利兄弟开始了真正的收藏之路，并有了明确的分工：哥哥斯蒂芬专门收藏元、明、清三朝的瓷器；弟弟吉尔伯特则专注新石器时代至宋代的高古陶瓷。通过Helen Ling介绍，裕利兄弟又结识了当时著名的香港收藏家兼古玩商仇焱之。1980年仇焱之去世后，裕利兄弟又辗转认识了伦敦著名的古董商埃斯卡纳齐（Eskenazi）。1989年，埃斯卡纳齐为里奇（Reach）家族收藏举行了艺术展销，斯蒂芬在此购入了数件藏品，并因而成为了埃斯卡纳齐的重要客户。在此后的20多年里，埃斯卡纳齐一直是玫茵堂购藏的经纪人，并为其搜罗了160多件陶瓷珍品。

兄弟两人的收藏体系基本完成于20世纪末至21世纪初期，在两人先后去世后，其收藏中高古瓷器的部分在苏黎世Rietberg博物馆存放展出，而明清瓷器的部分则决议出售，于是就有了苏富比年复一年的玫茵堂专场，在收藏界树立了一个又一个中国陶瓷拍卖的里程碑。

笔者将玫茵堂的收藏，称为海外最后一个集大成的私人收藏中国陶瓷系列。之所以这样说，是因为时代变迁，政治的变化，以及流散文物资源的释放与吸收，都到了一个转变的时期。20世纪90年代以来，中国大陆经济崛起，富裕的国人开始涉足文物收藏，长达近半个世纪的"文物收藏封闭期"终被打破。

90年代，内地拍卖行纷纷建立，至21世纪初以来，内地文物艺术品拍卖迎来爆发期，包括中国古代瓷器在内的拍品屡创高价，也促使海外文物开始大规模回流，其中中国陶瓷占据非常重要的比例。笔者近二十年来身居一线拍卖市场，所见所知，近年来海外市场一旦有精彩的中国瓷器出现，绝大部分都被内地华人藏家购回，海外藏家尤其是西方人购买中国陶瓷的比例迅速缩小，时至今日在文物市场上已经式微。

另外，随着世界越来越多元化，当代西方藏家的后代虽仍对传统艺术有极大热情，但更多将收藏转向当代艺术，尤其是西方当代艺术，而对收藏东方古董的兴趣正逐渐减少，这也可以理解。每个民族的文化最应受到本民族的珍爱。一百年前，因为人类文明史上千年一遇的特殊历史情况，西方人得以用极其低廉的价格买到大量我国珍贵陶瓷，如今，这些陶瓷价格高昂，由西方人卖出，这些国宝才能再度回到国人手中。

本书从学术与市场相结合的角度，介绍了过去一百年间，十余位海内外重要私人藏家收藏中国陶瓷的故事以及他们经手过的重要藏品，希望对我国的陶瓷爱好者们更好地学习和研究中国陶瓷珍品在全世界的分布，以及中国古代瓷器在艺术品市场上历年的交易情况，有一定的参考和借鉴作用。

刘越

2018年6月1日

约翰·摩根
J.P. Morgan

洛克菲勒
J.D. Rockefeller Jr.

1912年，大约在中国的农历新年之后，远在大洋彼岸的美国，富可敌国的小洛克菲勒竟然因为买不起瓷器，给父亲写了一封言辞恳切的"求款"信：

> 我从未在马匹、游艇、汽车或其他愚蠢的奢侈品上浪费过钱财，我唯一嗜好就是那些瓷器——那是我唯一不在乎花钱的东西。我发现研究瓷器是极好的娱乐和消遣，我已经对它们爱不释手。那是一个代价极高的嗜好，但它默默无闻、朴实无华。我相信，如果我手上有现金，你会鼓励，而不是阻碍我发展一个如此清白、如此有教育意义的兴趣。投入那些瓷器的钱并没有丢失或者挥霍；它还在那里，尽管不再盈利。我有充足的理由相信，即便是被迫拍卖，我的亏损也不会超过征购费的10%；在通常情况下出售，当然会100%回本；假以时日，会有更多……这些美物会永远给我自己、我的朋友和我的妻子带来欢乐，随着孩子们长大成人，他们也会欣赏那些美物。而这一切都是以如此朴实、不张扬的方式实现，我对那些美物的追求是否属于不明智呢？……我非常想拿下摩根那批藏品，我想您没有认识到，我是多么渴望它们；因为您不知道那些艺术品是多么漂亮、多么迷人。我更想做您完全同意的事情，所以我斗胆给您写这封长信，希望这封对形式详述更完整的信，或许会使您在某种不同角度下看待此事。

是什么让这位财团公子如此为难，却又固执己见地坚持说服自己的父亲？我们可以在2016年9月纽约佳士得举办的大都会艺术博物馆珍藏中国瓷器专场中找到端倪。小洛克菲勒信中提到的"摩根那批藏品"，有部分包含其中，同场还包括那个时代最被西方藏家赞许的各类康熙瓷器，其中最引人注目的是豇豆红釉瓷器。【图1】

豇豆红釉是康熙朝独创的高温铜红釉之一，又称"吹红"，通过一种精巧的施釉手法，产生出令人惊异的艺术效果：以细竹管蒙细纱布蘸铜红料汁，多次反复地吹在两层透明釉之间，使铜红料在窑室气氛的变化下还原与氧化，这微妙的化学效应之间，产生出红绿之间的幻化，呈现出前所未有的釉色层次感与神妙无方的色谱。"绿如春水出生日，红似朝霞欲上时"，最能形容豇豆红的情韵。

在西方，豇豆红釉被称为"桃花釉"，非指桃花，实为果皮之色。1886年，纽约另一位摩根氏（Mary Jane Sexton Morgan）的遗产拍卖会上，以当时惊人的1.8万美元成交一件康熙豇豆红釉莱菔尊【图2】，这是豇豆红釉首次在西方收藏界掀起轰动。1.8万美元，在当时可以买下纽约最好的房子。在西方人看来，红绿参差的奇趣釉色，充满了东方式梦幻般罗曼蒂克的情趣，这件高20厘米的小红瓶子瞬间就征服了美国，同时也启发了美国早期中国陶瓷收藏史上的多位收藏巨擘，包括金融巨头摩根。"桃花釉"瓷器从此成为任何一个高质量中国陶瓷收藏序列中绝对不可缺少的标配。2016年9月，纽约大都会博物馆专场，万众瞩目的六件康熙豇豆红釉瓷器共成交376.6万美金。一件莱菔尊，从1886年的1.8万美金，到2016年的204.5万美金，一百三十年间溢价113倍。

与对青花、粉彩这些热闹、通俗的喜好趣味相比，单色釉则是高阶审美。从目前国内外的收藏现状我们可以看出，单色釉瓷器所体现的简约精神美学，为人所推崇，是艺术市场日趋成熟的标志之一。100多年前，欧美艺术品市场也尚处于启蒙阶段，摩根却察觉到了这一"先机"。历史上的摩根，果然是一位极富远见的收藏家吗？

约翰·摩根，美国银行家。1901年组建美国钢铁公司，成为世界上首个资产跨越10亿美元大关的企业。当年，摩根的"巨大控股公司"掌握着钢铁厂、高炉、炼焦炉、矿山、驳船、轮船、成千上万英亩焦煤和煤田，以及几条铁路，控制美国当时近一半的钢铁产量，业务涉足铁路、钢铁、电话、电力、银行、保险等多个领域。摩根创建了一个庞大的帝国，统治美

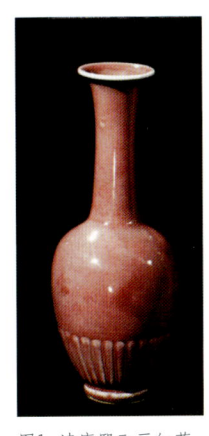

图1 清康熙豇豆红菊瓣纹瓶　　图2 清康熙豇豆红釉莱菔尊

国经济长达50年之久。

摩根的生意五花八门，其中就有国际航运集团，该航运联合企业控制着英国白星航运公司，即泰坦尼克号的所有者。作为该船的大船东，摩根事前就为这艘"不沉之轮"的首航花大价钱买了保险，并预订处女航的头等客房。电影《泰坦尼克号》中，女主角罗丝所住的头等套房便以此为蓝本。这艘巨轮于1912年4月10日13时启锚离港，开始了它的首次也是最后一次航行，但属于摩根的房间在行程中一直没人入住。因为在开船前24小时，摩根突然改变主意，留在了法国度假胜地艾克斯，享受他的早间按摩和硫磺浴。4月15日2时20分，泰坦尼克号在北大西洋撞上冰山而倾覆，1500人因此丧生。葬入海底的还有罗丝和杰克那段刚萌芽的感动无数国人的爱情。

摩根不愧为极富商业头脑的金融巨人，同样他也是狂热的艺术品收藏家。自1890年起，53岁的金融大亨摩根开始大量购买各种门类的艺术品。《华尔街之子摩根》一书中，曾描述了摩根营造的庞大的艺术收藏品王国。"他操纵着20世纪初帝国的天秤，好像要占有世上一切美好的东西。"从古登堡《圣经》、弗美尔和庚斯博罗的绘画、中国的瓷器、中世纪的地毯到英国19世纪初期的家具，"摩根从不在乎为购买艺术品花费巨资"。截至1912年，他已经花费了6000万美元，大约相当于现在的10亿美元。他的藏品充塞屋宇、难以尽览。

我们不妨把1851年伦敦水晶宫举办的世界博览会，视为引发了西方对东方文化痴迷的标志。其实在19世纪中期，欧洲尤其是英国对于亚洲艺术的收藏已蔚然成风。伦敦世界博览会举办的5个月中，吸引了600万人之多，之后博览会又转战欧美各地，更是吸睛无数。在每次博览会上，你都能看到充满好奇的美国人，他们中有很多富豪新贵一夜崛起，赚得盆满钵满，怀揣着美元，不但仔细观察着西方国家的工艺品，也对陈列的新奇的亚洲艺术目不转睛。中国瓷器会进入摩根视野，与之前欧洲所奠定的收藏基调不无关联，同时作为世界范围内最早的珍贵文化商品之一，中国陶瓷几乎比其他任何文物都要悠久。早在商代，我们的祖先已经用黏土与水，塑造出迷人的"原始瓷"，这比西方整整早了三千多年。所以年代本身，即增添了中国瓷器的威望。特别是，这种古老神秘的东方艺术，并未因为语言的不同、地域的相隔而产生什么隔阂，它几乎包罗了世上已知所有的视觉语言，线条、形状、色彩、质感、空间……各种排列组合，使得欣赏者无需掌握特别的知识，即便对中国文化一窍不通，也能在这些陶瓷艺术中各取所需，找到完美的切合点。更何况，它们便于携带，容易出口。1860年火烧圆明园，1900年紫禁城被占后，中国瓷器像潮水般涌入西方国家。

图3 清康熙素三彩神像一对

在美国的镀金时代，许多豪宅一夜之间拔地而起。中国瓷器就成为那些企业大亨们，将居所装扮得充满浓郁富豪氛围的首选。特别是官窑瓷器那丰满完美的造型，其上绘制的吉祥喜乐图案，传递着一种全世界通用的，一望便知的特权气息。其中的一些，还常常写有"官窑款"，标明显赫的皇室出身。中国的传统文化中，儒释道的各路"神仙"形象深入人心，中国许多家庭都有供奉神像的神龛，他们的形象与帝王无异。纽约大都会博物馆现在常年陈列着摩根旧藏的一对康熙素三彩神像【图3】，在一件艺术品上同时感受到艺术和财富。可以推测，这对于当时的收藏家应该充满了吸引力，摩根也不例外。

像他这样事业繁冗庞大却又兴趣广泛的的藏家，大抵是没有时间和精力去仔细研究和分辨中国瓷器的特征和品种的，所以他选择从一到二位当时有实力的藏家手中整批买进。摩根珍藏的中国瓷器，大部分来自美国著名银行家詹姆斯·加兰德的收藏。1902年詹姆斯·加兰德去世时，精明的古董商杜维恩兄弟以50万美金的开价向其家人买下整批当时仍在大都会博物馆借展的中国瓷器，随即以60万美金的价格售予摩根。正是这批瓷器，奠定了摩根中国瓷器收藏的基础，其中超过1000件的康熙瓷器，蔚为壮观，精彩绝伦。

这些康熙瓷器，并不是我们惯常理解的康熙官窑御瓷，事实上中国的官窑瓷器过去根本不会大量出口，除了极少量赠给外国皇室或使节的礼品瓷，即使在中国国内，普通臣民也是见不到官窑瓷的。可以说，20世纪初期之前，西方人甚至没见过多少中国官窑瓷，西方社会对中国陶瓷的所有美誉，其实也都是针对通过贸易而来的中国外销瓷。许多瓷器的装饰图案是依照外商从欧洲带来的样品由中国画工精心摹绘的,题材大致包括纹章(又称徽章)、人物故事、船舶及码头风景、动物花卉、鱼草、博古等纹饰。

从晚明开始,世界各国对中国瓷器的需求持续升温。但至清初顺治时期时,由于战火,沿海贸易被迫停滞,景德镇也一度瓷业萧条。进入康熙时期,1684年解除海禁,中国与世界各国的大规模瓷器贸易重新拉开序幕,欧洲许多国家甚至在广州设立专门贸易机构,使得瓷器贸易变得更为便利。明末最大的中国瓷器客户荷兰东印度公司重返中国沿海,至康熙三十四年(1695)时,共购买中国瓷器高达2000万件。一个世纪以前,大多西方藏家对东方艺术品的价值评判,仅仅是关注其外表的华丽程度及装饰性,很难有成熟和客观的认知。起初一段时间,青花瓷最受欢迎,但随着时尚的变化,西方人开始追求强烈的色彩,西方商人从被动进口中国提供的瓷器,开始有选择地购买符合本国口味的瓷器,没有什么比康熙时期烧制的精致的彩瓷更受欢迎了。为应对庞大的海外市场,康熙时期在彩瓷上推出了许多新品种,如五彩、粉彩、珐琅彩,它们被西方皇室贵族视若拱璧、竞相收藏。

摩根的藏品中,有一类清代黑釉瓶、罐,在当时因其精美的纹饰备受珍视。国内通常将这种黑釉称为墨地,康熙时期的墨地彩瓷【图4】,是康熙彩瓷中最为名贵的品种之一。制作时,先在器上施以绿釉,复施墨釉,即为墨色地,再以泛紫的深墨笔道勾描花卉、禽鸟等图案,填绘黄、绿、白各色。也有墨地中留白开光绘三彩图案。其笔画纯熟,刚劲有力,层次分明,画面自然。

据耿宝昌先生介绍,20世纪50年代,国家文物局、故宫博物院曾下文在全国各地征集搜寻墨地彩器物,但所获甚少。墨地彩瓷大多是官窑器,唯有康熙时期的墨地彩瓷是民窑器,却比其他时期更为珍稀。

康熙皇帝以"孝"来汉化国人,故此对祭奠仪式非常讲究。当时宫里规定,操办丧

图4 清康熙磬石花卉纹墨地五彩瓶

事都要订烧一批高档墨地彩瓷器，作为丧事宴客祭奠之用。这样一来，各王公大臣府第、钟鸣鼎食之家，为了炫耀其门第高贵，相互间迭有攀比，故而不惜重金提供最好的画本、顶级的画师、优质的彩料等等，务求产品出类拔萃，甚至高出官窑之上，以达到死者风光，生者荣耀的目的。而且由于当时的官窑都由宫廷派工部官员督窑，对祭祀用品的烧制是有忌讳的，故只能委诸民窑。所以康熙时期的墨地彩器物，工艺不如官窑精致，底部也常见沙眼，为掩饰其缺陷，多在底部上一层护胎汁，且不见款字，以小型器居多。因作为皇家及王公大臣所用祭祀用品，生产有其局限性，产品极其稀少。雍正皇帝即位后，厉行俭约，无一人敢再大操大办丧事，墨地彩瓷名品也就从此绝烧了。因是祭祀用品，墨地彩瓷难入宫闱，皇家收藏中未见。这使得真器康熙素三彩大件，在民国时期就已罕见。清末民初，康熙墨地素三彩器为欧美诸国所争夺，当时一件墨地素三彩，即便是残口，也可值一万大洋，其中以怪兽为奇特，人物次之，花鸟价亦不赀也。这也使晚清到民国，古董商为了获利而仿烧了不少，国内外公私收藏中的绝大多数都为光绪至民国时期的仿品。

从18至19世纪留存的伦敦、巴黎和纽约几家主要拍卖公司的拍卖记录来看，虽然这些记录并无插图，但文字记录详尽清晰，有的说明器物来源，有的会备注相关品质，用以吸引买家。其中墨地瓷器的数量很少，且均为小件器物，却常被视作稀世之物。但即便这样，很多西方人却对于康熙墨地彩瓷并不买账，如1748年4月Fonspertuis藏馆瓷器销售目录中记载道："我曾见过同样的黑色瓷器，但这里很少，它的稀有让人兴奋，但它的颜色却让人忧伤。"

当康熙瓷器的斑斓的色彩俘虏了20世纪初大多藏家的时候，摩根亦不能免俗。不仅如此，他还以其企业家的敏锐嗅觉，对中国瓷器艺术品展现出极富远见的收藏雅好。比如在他的藏品中，有一类同样极富装饰性，却出自深宫内院的青花瓷器，精致珍罕异常，如今市场中将其称为"官窑重器"。

2013年12月5日，北京保利一对明嘉靖青花群仙祝寿大葫芦瓶以2127.5万元（含佣金）成

图5 明嘉靖青花群仙祝寿大葫芦瓶

交。此瓶曾于北京保利2009年春季拍卖会，以907.2万元（含佣金）成交，出自摩根旧藏【图5】，堪称近年国内拍卖市场出现的嘉靖官窑少有之重器。

嘉靖御瓷葫芦式瓶颇见豪迈古拙之气。中间主题图案是五仙行乐图，见有寒山凌波戏水而行，刘海骑金蟾腾飞，拾得携帚而坐，似与执杖佩葫芦仙人对语，后面松下仙人则执笔卷书，神态悠然。下腹主题为群仙贺寿图，场面热闹非凡，共有十三位仙人为寿星祝寿。见寿星端坐石上，泰然自得，观刘海为之戏蟾，众仙献寿，见有捧灵芝托蟠桃者，持宝瓶敲鱼鼓者，吹紫箫鸣玉板者，络绎不绝，气氛喜庆祥和。

与其他明代皇帝相比，明世宗嘉靖皇帝继承大统出乎其人生意料，一夜之间由藩王脱胎贵为天子，因此他比谁都深知荣华富贵得来之不易，对帝皇生活的痴心眷恋，成为他祈求神灵、信仰道教方士的主要动因。嘉靖二十一年（1542），他开始不问朝政，移居西苑（今北京北海、中南海）一心修玄，日求长生。当时宫殿所饰之物均为道教仙人众神、灵符祥瑞之类，其中瓷器一项也不例外。

嘉靖二十年（1541）前后道教色彩浓重的御器开始大肆出现，当中就有葫芦瓶一式，颇为嘉靖皇帝所爱，造型多样，纹饰丰富，大小各异，为道教题材的造型与纹饰结合的佳例，富时代气息。流行时间极短，故数量罕少。

本品最早出现在伦敦苏富比1975年拍卖会，2006年再度现身香港苏富比秋季拍卖会上（LOT0918），深获藏家追捧，高价成交。与本件拍品品级相若的嘉靖青花官窑重器，近年来在国际拍卖市场上多以高价成交。

摩根以其犀利独到的眼光与富可敌国的财富来搜罗天下最美的艺术品。这从他所收藏的精致官窑瓷器，及单色釉瓷器中可见一斑。

摩根收藏的单色釉名品，除上文提到的豇豆红釉器，还有一件著名的清康熙豆青釉浮雕海水云龙纹莱菔尊【图6】，又称"萝卜尊"，同为清康熙时期新创品种，因"莱菔"与"来福"同音，故取意以示吉祥。其器形秀丽，釉色均匀莹润，十分名贵。故宫博物院藏有两件无论

图6 清康熙豆青釉浮雕海水云龙纹莱菔尊

纹饰和尺寸都大致相同的莱菔尊。另外近年来市场中，这类莱菔尊也偶现一二，2009年香港佳士得（Christie's）析出一件，以276万元人民币成交；之前2005年苏富比一件类似之作，也以252万人民币成交。另有一件原为静观堂旧藏，2003年于香港佳士得拍卖。

摩根有关于中国瓷器的收藏中，康熙外销瓷价格日渐低迷的同时，这类官窑重器和单色釉瓷却正当时，价格迅速飞升，展现出极强的生命力和收藏潜力。这种此消彼长，这种如理财投资般行事风格的收藏理念，保证了投资收益的最大化，无论这是摩根的无意之举或有意为之，都展现出他远超过同时代瓷器收藏家的雄才大略和高瞻远瞩。这种巧妙的搭配组合，使得他的藏品在各个时代都有可取之处，永不过时。

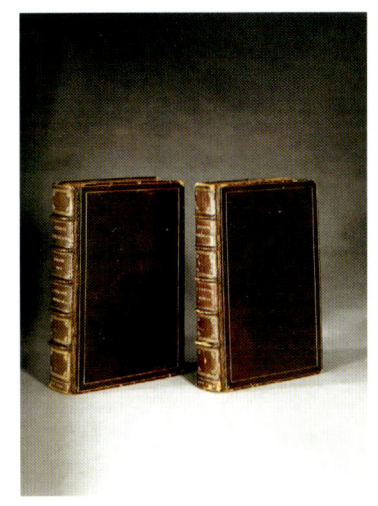

图7 摩根珍藏《中国瓷器图录》

自从将加兰德先生的全部遗藏"整锅端"后，那时的摩根，已经全身心地陷入与艺术的恋爱中。摩根精心定制了250套精美豪华的瓷器图录【图7】，收录瓷器近2000件，格式完全按照摩根私人要求制作：摩洛哥皮纸镀金压花外封，书顶刷金，书口书底毛边，高档彩绸环衬，所有彩页均由人工按真品绘制，手工上色，描金绘银，标注瓷器的详细名称、尺寸、形制、创作年代等，极尽奢华，精美无比，为20世纪初期美国出版物中最为奢华、重要的中国陶瓷经典名作。

20世纪初的中国正值清帝国瓦解崩溃之后，大量清宫珍宝流散民间，更有大批王室遗老遗少们，靠变卖宫中古董度日，引来欧美众多银行家、古玩商的大肆抢购。精明的摩根自然不会放过这种机会，同时机会也不会放过他。

1913年，摩根收到一封来自美国驻中国外交官弗朗西斯·迈克奈特的电报："绝密！因个人原因，中国皇室准备整批出售宫廷藏品，包括珍珠、青铜器、瓷器等。"迈克奈特称，摩根可对整批宝藏进行"首选"，而且，"务必尽快答复"。当夜，摩根回电："请告更多详情。"随后的电报中，迈克奈特详细说明了那批珍藏属于三处宫殿——北京、热河和奉天，并建议可以以400万美元的价格将三批珍藏一举拿下。

此时的摩根已经患上习惯性神经紊乱症，陷入高烧和妄想之中。虽然他一直密切关注着这些令人兴奋的消息，可惜这笔交易尚未完成，摩根就于1913年3月31日在罗马因病去世。能够将半个热河行宫搬移到美国纽约去的这批藏品，本可以成为他对中国宫廷艺术珍品的征集生涯中，最令人惊叹的意外收获。

1914年，当大约4100件摩根收藏品在大都会博物馆展出时，公众震惊了，美国人还从未见识过如此丰富的艺术财富。趋之若鹜的参观者中，一位高鼻深目的青年绅士，显得心事重重，他是来自美国商界著名的洛克菲勒家族的约翰·戴维森·洛克菲勒，为了与他的更为著名的父亲相区别，人们习惯将其称为小约翰·洛克菲勒。

洛克菲勒家族是美国最显赫的家族之一。约翰·洛克菲勒一世于19世纪下半叶创办美孚石油公司，通过石油生意积累了巨额财富，是美国石油大王。他开创的石油王朝在美国拥有垄断地位达85年之久，他也是人类有史以来第一位亿万富翁。作为父亲的唯一男性继承人，小洛克菲勒给人沉默寡言，做事谨小慎微的刻板印象，但他大约也有着极富浪漫主义情怀的内心吧，因为他迷上了大都会艺术博物馆中展出的，那些原属于摩根旧藏中无以伦比的中国艺术品，但同时也苦于无法得到它们。

1915年，正在大都会艺术博物馆借展的这批中国瓷器出现了变故，被整体打包以超过300万美元的价格卖给了杜维恩兄弟。小洛克菲勒希望买下其中的精品，于是恳求父亲提供一大笔贷款，但老洛克菲勒未被说服，于是便有了开篇那封行文恳切但充满力量的书信。小洛克菲勒的坚持，使父亲被深深感动了。他拿出了相当于200万美元的证券，作为送给儿子的礼物，用作他购买摩根瓷器收藏的资金。正如小洛克菲勒说的那样，在有生之年，他一直保持着对那些美物的兴趣。他陆续又从其他著名收藏家与古董商手里买下更多精美作品，开始全神贯注地研究、静心细赏，成为一名中国瓷器的狂热爱好者。

当小洛克菲勒在9层楼的家中收到那些瓷器的时候，他会端坐在地板上，将它们翻来覆去，一往情深地研究它们，查找是否有裂痕，或修复痕迹。小洛克菲勒发现，无论买家多么精明，那些有关器物美感、真伪和价值的判定总是充满不确定性，许多昔日还被吹捧为"杰作"的藏品，常常落得短命或转瞬即逝的下场。所以作为瓷器收藏家，他总是谨慎地挑选藏品，对夸大其词的宣传保持怀疑，并尽可能不断地寻找最好的专家建议。从1915年到1955年，小洛克菲勒的所有征购所得，都经过了有关价格协商，并附带有交换或退货选择权。

有关于他为收藏中国瓷器所做的努力，有一起非著名事件。1915年初，有人邀请小洛克菲勒察看一件康熙时期的黄釉瓷瓶,并给出了一份"鉴赏指南":他建议小洛克菲勒围绕着瓷瓶慢慢走,将会看到3个不同的主题,如果把岩石和雉鸡当作瓷瓶的正面,往右边走,将看到两棵大樱桃树,瓷瓶的背面则是壮观的木兰花,它们互不相同而又相互和谐。当从稍远处打量瓷瓶,又会发现,那一直延伸至瓶颈的樱桃树枝上的花簇,完全在空中绽放。

这充满浪漫情怀的词藻并没有让小洛克菲勒意乱情迷,他依然谨慎而理性地询问有关瓷瓶的一切:是真是假?卖家是谁?如何得到?……虽然他察觉到了这件黄釉器的美与特殊,但觉得12.5万美元的开价有些离谱。后来的过程并不顺利,由于中间人给出的来源和历史经不起推敲,使得小洛克菲勒有些怀疑这是一件现代仿制品。即便卖家说这件瓷瓶曾经过卢芹斋和关福初——两位当时在西方通晓中国古代瓷器文物的专家"掌眼",也未能说服小洛克菲勒。他始终觉得,即使最有能力的专家,也会有走眼的时候,而一件东西一旦存疑,它带给人的享受,也会大打折扣。

小洛克菲勒喜欢带官款的瓷器,反映了他对儒家理论、等级制度和制作工艺的赞赏。但受当时西方社会对外销瓷收藏风尚的影响,洛克菲勒也对官款中施以五彩、墨彩及黄彩的釉上彩特别青睐,尤其对康熙时期的外销瓷作品有着特殊的偏爱。他最早购藏的两件作品均是以黑彩为地的瓶子,他提到:"我对此类作品一见钟情,之后又接连购买了类似藏品。"洛克菲勒遗赠大都会博物馆的藏品中有好几例近似的中国陶瓷。2016年9月,大都会博物馆将501件馆藏出售,在纽约佳士得举办专场拍卖会。其中就有不少当年洛克菲勒捐赠的藏品,其中一件五彩麒麟纹长颈瓶曾经也是摩根的旧藏【图8】,身世显赫。

早期中荷贸易中就出现过这样的情况,这类装饰有龙纹或其他异兽纹饰的瓷器运到荷兰后又被退回,荷兰人不喜欢这样的瓷器,荷兰东印度公司董事明确指示以后不要再购买这类瓷器。西方人喜欢的瓷器纹样到了18世纪中期已经基本固定下来,就

图8 清康熙五彩麒麟纹长颈瓶

是中国的山水、动植物外加中国风的人物这几类。而国内官民窑瓷器大量使用的以谐音喻吉祥的图案,如马上封侯、五福捧寿、指日高升、冠上加冠、平平安安等,在外销瓷器中比较少见,同样的还有龙纹、麒麟、摩羯这些想象出来的动物在欧洲也不受欢迎,芦雁、松鼠、鱼纹这些西方熟悉的现实中的动物不包括在内。这也反映出,当时中西之间的交流还停留在比较肤浅的物质交流阶段,西方人不能理解这些图案背后的寓意,有些具有深刻含义的图案组合,他们并不知道内情,反而觉得比较奇怪,所以弃之不用。

小洛克菲勒曾向父亲允诺,他所购买的这批瓷器绝不会赔钱,但遗憾的是,他无法兑现承诺了。

尽管小洛克菲勒的研究一丝不苟,与时俱进地同不断改变的时代品位保持一致,但他藏品的市场价格,仍在令人痛苦地大幅度下跌。洛克菲勒最著名的单笔收购,是1915年买入摩根收藏中的精选藏品。然而,到了1944年,当因遗产原因对这批藏品进行估价时,小洛克菲勒发现,30年前值10万或7.5万美元的瓷瓶,现在没有古董商愿意支付超过2.5万美元。而到了2016年,这个中国古代艺术品动辄要价千万上亿元的时代,小约翰·洛克菲勒这些藏品,尽管有他本人及知名博物馆旧藏的"双料"加持,成交价也的确少的可怜。【图9】

收藏家小洛克菲勒稍显"惨淡"的收场,是外因和内因共同作用的结果。中国官窑真正大量流传到西方,大约是从1900年八国联军侵占北京,掠夺大量中国皇家文物而起始的。而且民国以后,清室岁入不足,将很多瓷器抵押给银行,最后由银行进行拍卖。此外,内务府也曾进行过古董拍卖。加之内廷种种盗窃行为的发生,才造成了官窑瓷的大量外流。一种文化的落地生根、发生发展,需要过程,于是我们通常将稍晚之后爆发的第二次世界大战视为西方世界对于中国瓷器收藏审美的转折点。之前西方世界仍旧沿袭百年来以康熙五彩外销瓷作为收

图9 清康熙五彩开光鸟兽博古图大棒槌瓶

图10 清康熙墨地五彩百鸟朝凤图凤尾尊

藏时尚主流的审美趣味；二战之后，大量涌入的各类中国宫廷艺术精彩之作开始出现在西方拍卖市场，藏品的价值和市场品位已经改变，收藏家们不再出高价购买有丰富装饰的明清瓷器，转而青睐更朴素、纯洁，年代更久远的单色釉瓷或古陶器。

图11 洛克菲勒家族旧照

据记载，小洛克菲勒曾为家中的大壁炉找寻了两件康熙时期高大的"黑山楂釉"花瓶【图10】作为装饰品，洛克菲勒的家族旧照【图11】中就有这么一对。这对花瓶陈设于洛克菲勒一世油画肖像两侧的重要位置，显然这里是家族中最让主人得意的装潢陈设一景，可见这对花瓶在家族收藏中的重要地位。这种花瓶在当时颇为风靡。据当时的资料记载，一件19世纪60年代以25英镑购得的"黑山楂釉罐"，1905年就卖了6000英镑。而时至今日，大都会旧藏中一只"黑山楂釉罐"，与照片中那件器形相仿，年代稍晚，纹饰稍有出入，2016年以4.75万美元成交。在国内拍场，即便是康熙本朝，这类器物也常常以较低的价格成交。

纵观著名西方藏家有关中国瓷器的收藏，常常显现两个角度：一是用西方趣味选择中国瓷器，像摩根和小洛克菲勒，他们对中国文化、传统文史典籍一无所知，仅凭借西方人对东方情趣的理解去挑选藏品，难免有失底蕴内涵，百年之后看来有些空洞乏味。摩根财大气粗，藏品包罗万象，面面俱到，所以如今看来，并不那么过时。相比之下，小洛克菲勒运气就差得多。1921年，小洛克菲勒与妻子阿比利用主持协和医院（该院得到洛克菲勒基金会的部分赞助）的竣工仪式之际，花费3个月的时间进行亚洲之旅，行迹至中国、日本、韩国、泰国、越南等地。在中国，小洛克菲勒沉溺于察看并购买更多的瓷器，两人参观了北京的明十三陵，那里的宏伟神道已破损失修，离开中国时小洛克菲勒为十三陵神道捐赠了修复基金。这次中国之旅并未对他挑选瓷器的品位有所裨益。他是真正的中国瓷器狂热爱好者，谨慎挑剔，不盲听盲从，且财力丰厚，几乎具备成为最伟大的中国陶瓷收藏家的一切先决条件，但他却有着自我且极富局限性的收藏趣味。如今我们认为，中国瓷器的价值正是它所承载着的中国文化的厚度，这大抵是当时尚处在对中国艺术懵懂期的大多西方收藏家们体会不到的。

不过，同时期的另一些藏家，选择知其然且知其所以然，他们通晓中国传统文化，站在中国人的角度来收藏瓷器，后文提到的大名鼎鼎的大维德爵士就深谙此道。

乔治·尤摩弗帕勒斯
George Eumorfopoulos

在英国和美国还都着迷于青花"山楂树罐"、粉彩和硬彩瓷时，一些西方藏家开始真正与中国发生联系，从某种意义上来说，开启了西方对于中国瓷器收藏的新开端。

其中一位藏家很早就接受了这种新趣味——乔治·尤摩弗帕勒斯。他是20世纪上半叶英国最卓越的中国陶瓷收藏家之一，被认为是英国收藏中国瓷器的执牛耳者。

尤摩弗帕勒斯1863年出生于英国利物浦的一个难民家庭。家人为了躲避1822年奥斯曼帝国在希腊希俄斯岛的屠杀而来到了英国。尤摩弗帕勒斯在伦敦长大，在希腊学院接受教育。1902年开始就职于商业公司拉利兄弟。这份工作为他带来事业上的成功，也成为了他收藏事业的开端。起先他主要收藏英国和欧洲的瓷器，也时常会在收藏中加入一些东方器物，比如日本茶具。随着收藏数量的增长，尤摩弗帕勒斯很快发现，他不得不停止对于欧洲瓷器的收藏。1935年，在尤摩弗帕勒斯给另一位藏家安东尼·贝纳基斯的信中，他表达了发现中国瓷器的欣喜。他认为自己更喜爱中国瓷器，所以打算卖掉他收藏的欧洲器物，"一心钻研中国艺术"。

直至19世纪末，对于西方藏家而言，"东方"两个字的含义可能还模糊不清。今天保存在华盛顿弗利尔艺术博物馆的"孔雀屋"【图1】，曾是利物浦一位大船商莱兰的私人餐厅。19世纪60年代，莱兰委托当时的画家詹姆斯·惠斯勒装饰这间餐厅。步入这间"孔雀屋"，你会发现房间虽然不大，却布置得颇有韵味。屋内四壁挂满了中国清代的青花瓷，盘、罐、尊、壶、碗等，琳琅满目，让人应接不暇。房间墙面上装饰有用金箔绘制的各种姿态的孔雀，栩栩如生；屋内陈设的巨型油画，名字极富诗意，叫作《瓷国公主》【图2】，画中充斥着和服、屏风和扇子等日本物品，而公主脚下的蓝白双色地毯及画面右侧若隐若现的青花花瓶，明显又是中国风格。整间屋子金碧辉煌，充满东方元素，这应当就是当时西方视角下对于中国的认

图1 美国华盛顿弗利尔艺术博物馆的"孔雀屋"　　图2 惠斯勒绘《瓷国公主》

识,他们甚至还不能完全区分中国和日本风格,可能也分不清中国明清瓷器和其他东亚陶瓷。

这种情况在19世纪末发生了变化。随着中国大门的松动,英国传教士和军人开始被派遣到中国,他们中的一些人开始在古玩市场或商店中购入中国古代艺术品。他们发现,那些在西方大获尊崇和珍视的清代外销瓷,中国本土的藏家却并不看重,他们更偏爱收藏明代以前的陶瓷。20世纪初期,在华的英国人开始逐渐在"中国趣味"的指导下形成完整的收藏,并骄傲地把这些藏品带回英国,这一时期相当数量的"早期"器物被带到欧洲。

这类早期器皿,可能常常与死者陪葬有关的。当时的亚洲藏家往往对这些东西有意回避,西方学者则认为它们原始、粗糙。尤摩弗帕勒斯则没有这些顾虑,他在这些粗糙、鲜艳、造型大胆,通常看起来并不完美的器物中,发现了与明清那种准工业化制作的精美瓷器完全不同的美感。

与此同时在中国,汴洛铁路修建工程正在热火朝天地进行中。当洛阳城外北邙山脚下的土地被工程机械的隆隆声占领时,成百上千自唐代以来便安睡在地下的古墓被惊醒。不过,当时中国人的眼光,仍然保守地聚焦在那些传统的值钱家伙——金银器和玉器上,对于出土的陶俑则不屑一顾,将其蔑称为"瓦器",弃若敝屣。当时北京琉璃厂一位年轻的古玩商李文光,听说邙山古墓一事,兴致勃勃地赶往工地。此时,对古墓破坏性发掘和对这些陶俑的毁坏正达到高潮。由于根本无人知晓这些陶俑的价值,所以李文光很快就收获大量陶俑。

今天，我们对唐三彩耳熟能详。但在20世纪之前，谁也不知道唐三彩是怎么一回事。

琉璃厂的市面上，突然出现了这些从外地流入的大量釉色鲜艳的人物、马驼、器皿等陶器，以黄、绿、白色为多见，还有红、褐、蓝、紫等色，无论单彩、两彩或多彩，都造型生动，釉彩艳丽。古董商私下称其为唐三彩。"三"是个极数，用以形容多彩陶也甚恰当，所以这个名词也很快为陶瓷收藏家所接受，人们遂以唐三彩命名这类陶器，沿用至今。同时唐三彩也引起了罗振玉等一批学者的研究，经考证，这些色彩美丽的古物确为唐代遗物。

尤摩弗帕勒斯收藏以唐三彩为代表的汉唐陶器，除了眼光独到，胆识也值得一提。当时英国艺术界只懂中国的青花、彩瓷或单色釉，早期陶器能否为其他收藏家和评论家接受，恐怕连他本人也无法预料。

"如果仅仅是考古学上的吸引，从未诱使我购买一件物品；想要成为我的收藏，那在审美上无论如何也必须具有某种吸引力。"尤摩弗帕勒斯曾说道。

2017年3月开始，一场重量级展览在国内引起轰动——"大英博物馆100件文物中的世界史"，这是大英博物馆组织的一次世界性的巡展。对于中国观众而言，关注最多的是一件"中国制造"的色彩明快的唐代三彩文官俑。它的旧主正是尤摩弗帕勒斯，这是他收集的一套12件唐代陪葬陶俑【图3】中的一件。在1921年以前，尤摩弗帕勒斯就通过中间人从中国的古董商手里买下了这批陶俑，把它们带回英国。

尤摩弗帕勒斯所藏这组三彩陶俑，除了一对两件文官俑，还有一对镇墓兽、一对天王俑、一对三彩胡人俑、一对三彩骆驼、一对三彩马，共12件，原为唐代刘庭训墓的陪葬。刘庭训是唐朝的一位重要官员，他曾经击败过叛服不驯的契丹人，又在一场宫廷政变中处决了武则天势焰熏天的男宠。他还成了太平公主的手下，但在最后时刻又背叛了她，转投到她的侄子李隆基麾下。最后，在被后世称为"全盛

图3 唐代陪葬陶俑一组

日"的开元盛世下，度过了他最后16个年头，以那个时代罕见的72岁高龄寿终正寝。

刘庭训官居正四品上阶，其墓为洛阳唐代随葬有三彩器、品级最高的官吏墓葬之一。在洛阳地区已发表资料的三彩墓中，刘庭训墓三彩俑数量较多，形制较大，造型完美，釉色鲜亮。今天，这一组三彩俑在大英博物馆第33号展厅内仍在展出。在国内展出的这件三彩文官俑造型较为独特，在洛阳出土同类俑中未见到与其形制相同的三彩俑，它也是该地区所见较高的一件三彩文官俑，高达107厘米。

古人视死如生，汉代的厚葬之风到了唐代重新刮起。古时的唐三彩大多是明器，为殉葬烧造，大量出现在公元700年左右的唐代墓葬中，其分布遍及西北地区。中国唐三彩的雕塑显然受了外夷影响，骨骼结构、肌肉表现较前后各朝都准确，在写实的基础上有一点点夸张，恰到好处地表达出唐人的内心世界。唐人的浪漫、张扬的秉性在唐三彩身上得以充分体现。

作为最能呈现大唐气象与盛唐文化的物质遗存之一的唐三彩，出土后一度成为古玩藏家重要的收藏对象。因其极为珍贵的属性，唐三彩在国际拍卖市场一直保持高昂的价格，被誉为"东方艺术瑰宝"。2016年苏富比"艺海观涛：坂本五郎珍藏中国艺术·高古"专场中，一件唐三彩贴花双系绳柄壶（LOT0006）【图4】以含佣金87.4万美金成交，折合人民币584万元。

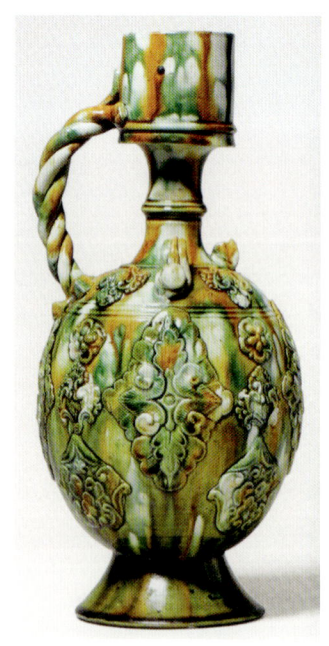

图4 唐三彩贴花双系绳柄壶 　　图5 唐代白釉双龙尊 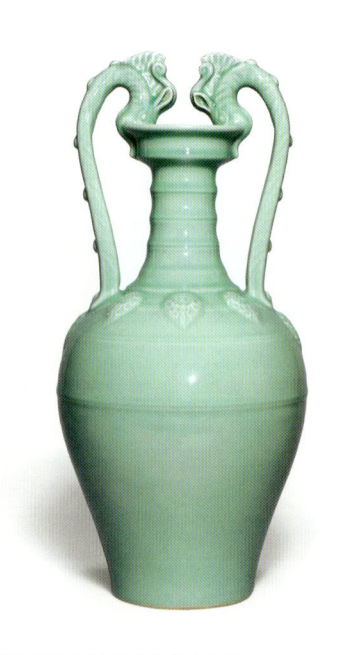　　图6 清雍正粉青釉仿古双龙尊

"大英博物馆100件文物中的世界史"展中还有另一件唐代白釉双龙尊【图5】，1910年入藏大英博物馆，也是尤摩弗帕勒斯旧藏。

双龙尊主要流行于唐代东都洛阳一带，时间上集中于唐早期的高宗、武则天、中宗、睿宗诸帝在位的数十年间。有白瓷、青瓷、三彩等品种，以白瓷双龙尊最为常见，主要产地是河南巩县窑，也见于河北邢窑，其规格高者达六七十厘米，低者则仅十几厘米，式样大同小异。双龙尊为当时流行于上流阶层之高档瓷器，从其多见于墓葬的情形来分析，似与丧葬习俗制度有关。

以龙作装饰之双龙尊在唐代流行，乃唐代神灵崇拜渗透于社会生活的具体体现。唐代现实社会生活之外，还与之平行存在着一个神灵鬼怪的世界。这种思想深深地影响着人们的物质生活与精神生活。在唐代，龙受到上至皇帝下至平民百姓的普遍崇拜。其时，龙多以龙虎、四灵（龙凤麟龟）、十二生肖及天象的组成部分出现，是通天神兽与吉祥瑞兽。将双龙尊与唐代宗教思想一联系，便不难看出，这类双龙尊应该被视为当时通天保平安之神器。

双龙尊在清代被皇家御窑所仿烧，市场中流通的可与尤摩弗帕勒斯收藏的此件双龙尊做类比的，是2017年5月31日佳士得雍正粉青釉双龙尊专场中，1.4亿元拍出的雍正粉青釉仿古双龙尊（LOT2888）【图6】。本件器形基本沿袭唐风，成为明清单色釉中第一件售价破亿之作。

简而言之，尤摩弗帕勒斯的收藏就是"收藏他所喜欢的"。他将唐宋瓷器确定为他收藏主项，进而对中国绘画、壁画、青铜、玉器、雕塑等古代艺术品也都兼收并蓄。不过尽管他很富裕，但还是无法跻身20世纪早期英国等级森严的上层社会。人们甚至不知道他的名字该怎么发音，常常简读称"尤摩"或"弗帕"。他的收藏之路同时标志着一个独立的小圈子的形成，他所收藏的器物，为他打开了进入别的世界的窗户。

面对这些未必精致却充满生命力的古物，他曾写道："我有时候会想象宋襄公的灵魂在极乐世界跟他相遇……他们仍在讨论着自己喜爱的话题。要进入这个让人神往的圈子，就是你需要见过和玩味过一件御窑出品的器物。"

大量的宋瓷出现在英国古董市场，是在1911年以后。很多都是民国初年出土的。相比于汉唐陶俑新奇又富东方色彩，宋瓷则高雅又内涵丰富。尤摩弗帕勒斯收藏有一件北宋汝窑天青釉长颈瓶【图7】，现藏大英博物馆。此瓶细长颈，口微敛，

图7 北宋汝窑天青釉长颈瓶

图8 金代钧窑葵花盘

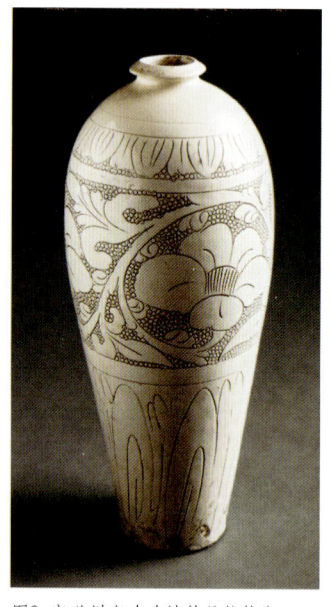

图9 宋磁州窑珍珠地牡丹纹梅瓶

圆腹，圈足，通体施天青色釉，釉面有细碎开片，其胎质呈香灰色，为汝官窑瓷器中的代表作品，亦是古代皇室贵族插花时的理想之选。现藏于美国芝加哥艺术博物馆（The Art Institute of Chicago）的金代钧窑葵花盘【图8】古朴典雅，规整大气，国内外公私收藏中罕见，故宫博物院收藏有一件六瓣葵花盘可资比较。这是收藏家罗素（Russell）从尤摩弗帕勒斯那里买到，后捐赠给芝加哥艺术博物馆的。尤摩弗帕勒斯收藏的宋瓷之中，还包括另外一类，即民窑风格，如宋磁州窑珍珠地牡丹纹梅瓶【图9】，在清王朝还未覆灭之前，它已被尤氏买去。这类黑白分明、大写意的器物，很受欧美人喜爱。

磁州窑的器形和纹饰多为民间所喜闻乐见的内容，具有很强的生命力。如今这类白地黑花，色彩明快自由的磁州窑瓷器，恰好切合现代艺术和先锋艺术的审美品味，在国际拍场上一度价格也非常高。

尤摩弗帕勒斯对这一时期瓷器的收藏开始得较早，好的出土器物都被他买下，英国和欧洲若想举办此类展览，都要向他借展品。而他也非常乐意，将这些新发现介绍给公众。

自1908年以来，这些随葬品的数量在西方不断增加，由此逐渐形成收藏风气。1909年，伦敦伯灵顿美术俱乐部委员会对此产生兴趣，决定在明年夏季举行一个中国早期陶瓷展。1910年，伯灵顿美术俱乐部展出尤摩弗帕勒斯所收藏的汉唐陶俑，并于次年出版《1910年伯灵顿美术俱乐部中国早期陶瓷展览图录》。陶瓷以年代编排，起于汉陶，止于清代早期器物，其中所选北宋钧窑撇口尊、明万历五彩盖盒、嘉靖五彩鱼藻纹盖罐、元青花四系龙纹扁壶等器物，至今仍被视为重器名品。

尤摩弗帕勒斯收藏这件元青花龙纹四系扁壶【图10】较为特殊，现藏于维多利亚与艾尔伯特博物馆（V&A Museum）。四系扁壶独特的器形仅见于元代，甚至在万物俱备的清代也未见这种器具。扁壶器形应是从游牧民族的皮囊壶转化而来的，原本是为了适于马背民族生活习惯的新品种瓷器。这类扁壶存世寥寥，仅见于日本出光美术馆、伊朗国家博物馆、英国维多利亚与艾尔伯特博物馆、托普卡比博物馆等有限收藏。市场上见有1988年香港苏富比拍卖行拍卖的元青花孔雀牡丹纹扁壶一只，其肩上的耳修理过，成交价473万港元。另有2003年美国Doyle拍卖行拍卖的一件口底伤残、壶口重接的元青花云龙纹扁壶，创当时中国瓷器的世界拍卖纪录，成交价为583万美元。

这次展出的中国高古陶瓷，第一次吸引了西方收藏家、学者以及中国艺术爱好者的注意力，不仅改变了西方之前重视中国明清外销瓷器的品位，更奠定了高古器物占据20世纪中国艺术品市场的主要地位，开启了高古陶瓷在国际市场的地位，奠定了陶瓷收藏的正统观念。而伯灵顿美术俱乐部也成为展览参加者之后创立东方陶瓷学会的最好范本。

若收藏清瓷，即便有人把光绪瓷当作康熙瓷买去，差别也只是两百年左右，但今天仿制的汉唐伪器，真假之间相距千年。收藏高古瓷对于藏家而言，买到赝品的几率也大大增加了。没有任何一位藏家敢说自己是从没上过当的，经验丰富的尤摩弗帕勒斯也不例外。尤其是他所钟爱的唐三彩，应该算是古陶瓷仿制中最为成功的品类之一，从器形、釉色到开片、气韵，常常真假难辨。

尤摩弗帕勒斯深谙古董市场的真假混迹，便在1921年召集11位同道藏家，成立"东方陶瓷学会"，集思广益，互相交换藏瓷心得。他们是英国最有实力的12名收藏家和专家，代表着当时西方中国陶瓷收藏和研究的

图10 元青花龙纹四系扁壶

最高水平。学者们一致推选尤摩弗帕勒斯为东方陶瓷学会的首任会长，在任直到去世。学会的成立很大程度上促进和重新评估了中国艺术在世界中的位置，当时的成员们也许并没有想到，这个组织会发展到如此庞大的规模，影响力会如此巨大。如今英国东方陶瓷学会已经成为一个国际性的亚洲艺术研究和鉴赏机构，致力于研究和鉴赏各个领域的东方艺术，在过去的90年中，该学会以会议、讲座和出版物的形式大大增进了人们对东方艺术特别是东方陶瓷艺术领域的理解，这些成果向全世界证明了，中国是世界上最古老灿烂的文明之一。

到20世纪20年代中期，尤摩弗帕勒斯已经拥有了相当规模的收藏，并影响巨大。自1925年开始，他的藏品被系统地编辑成：《中国、朝鲜和波斯的陶瓷图录》（六卷，1925—1928），《中国壁画图录》（1927），《中国、朝鲜和暹罗绘画图录》（1928），《中国、朝鲜青铜器、雕塑、玉器、珠宝和杂项图录》（3卷，1929—1932），俗称"尤氏11册"。

尤摩弗帕勒斯对于自己的珍藏并不吝啬。他家中辟有陈列室，又乐于接待上门要求参观的朋友。他原本的心愿，是把自己的藏品捐赠给大英博物馆。但1929年华尔街股市崩盘，带来欧美的经济大萧条。尤摩弗帕勒斯被波及，财务遂出现困难。1934年7月，尤摩弗帕勒斯正式写信给大英博物馆，提议以10万英镑的代价，将自己的一批藏品出让。据当时内行人估计，尤摩弗帕勒斯若将藏品公开拍卖，至少可卖得40万英镑。他给大英博物馆的开价，只是他藏品市值的四分之一。

大英博物馆了解这批藏品的重要性，也体谅尤摩弗帕勒斯的苦衷，但10万英镑终究是个庞大的数目。如何筹集到这笔巨款？大英博物馆联合英国的维多利亚与艾尔伯特博物馆，两家国立博物馆合力向英国政府解释，称这是一个千载难逢的良机，若英国舍不得这10万英镑，这批珍贵的艺术品便会被日本人买去。两家博物馆动用了所有能动用的经费，经过半年的奔走和募捐，他们依然没有筹足这10万英镑的现金。他们只能请求尤摩弗帕勒斯接受分期付款。1935年1月，先付4.5万英镑，其余的5.5万英镑分5年付清。直到1939年才付清全部款项。至于藏品的分配，除了绘画大部分拨到大英博物馆名下之外，陶瓷、青铜、玉器、雕塑等都是两家博物馆商讨后决定的。

众所周知，英国藏家偏爱陶瓷，但尤摩弗帕勒斯是个例外，陶瓷、青铜、雕塑、玉器甚至绘画，他无所不收，而且样样可圈可点。他收藏的青铜器包括鬲、方

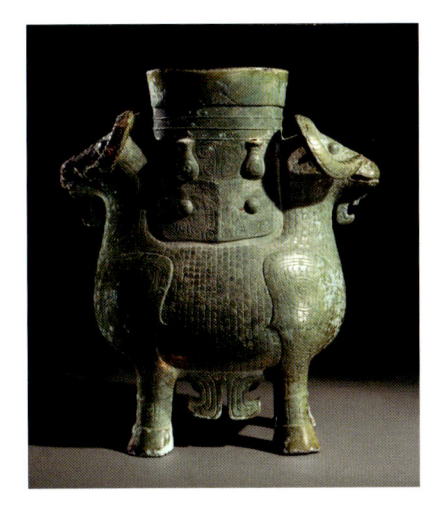

图12 良渚文化玉璧

图11 商青铜双羊尊

彝和尊，大英博物馆最重量级的青铜器双羊尊【图11】、鸮尊，都得自于尤摩弗帕勒斯的收藏。尤摩弗帕勒斯的玉器收藏首推良渚文化玉璧【图12】和玉琮，他所收藏的众多玉璧中，有一块雕琢工整，边缘刻有四组回文和鸟纹的玉璧最为珍贵，雕刻鸟纹的良渚玉璧中，这块的体积是最大的。《周礼》记载，"黄琮礼地"，但从存世的古玉来看，黄色的玉琮却极少见，而尤摩弗帕勒斯居然买到了一件，诚属幸运。事实上，尤摩弗帕勒斯生活的时代，并没有"良渚文化"的概念，这一时代名词要到很晚的20世纪下半叶才确定。金银器的收藏亦是尤摩弗帕勒斯的强项，他所收藏的唐宋金瓯银盏，令维多利亚与艾尔伯特博物馆的中国展厅生色不少。此外，大英博物馆镇馆级藏品《女史箴图》，维多利亚与艾尔伯特博物馆著名金代彩绘木雕观音坐像等重量级藏品的旧主，均为尤摩弗帕勒斯。

作为希腊裔的英国人，希腊人的身份贯穿他生命的始终。即便他将自己的大部分藏品"打折"出售给英国的博物馆，却也将自己的一部分收藏艺术品捐给雅典贝纳基斯博物馆——最终有800件瓷器被送去了希腊（早在20世纪20年代，他曾想把整个收藏都捐给希腊）。对尤摩弗帕勒斯来说，他收藏的这些艺术品能增进世界对于中国文化的了解。

1939年12月19日，尤摩弗帕勒斯辞世。1940年伦敦苏富比举行了连续四天的乔治·尤摩弗帕勒斯收藏专拍，被誉为欧洲拍卖史上的一个传奇。因为此时二战已然爆发，在拍卖的第二天——3月29日，正是法国敦刻尔克大撤退的首日。即使是战争的阴霾，也阻碍不了来自法国和日本的购藏者的争相竞价，而最终以约5万英镑的价格完成了四天拍卖。

尤摩弗帕勒斯收藏专拍，是20世纪上半期质量最高之中国艺术品拍卖，515件拍品包括中国高古陶器、明清官窑、青铜器、石雕、玉器等高质量藏品。拍卖最后一组金器，标明出自"15世纪明代皇帝陵墓"。经本场拍卖后，宣德金胎錾赶珠云龙纹嵌宝石三足盖炉【图13】成为唯一一件私人收藏、允许流通的此类金器。2008年在香港苏富比的一场"帝廷金辉"的专场拍卖中，这件三足盖炉引起藏家们的激烈竞投，以1.168亿港元成交，创下中国金属器在世界范围内的最高拍卖纪录。

图13 明宣德金胎錾赶珠云龙纹嵌宝石三足盖炉

在帝国时代的伦敦，一个希腊难民的儿子，一个"不起眼的藏家"呈现出多种可能性。他在英国和中国，如此遥远的距离之间搭建起桥梁，扮演了多重角色。尤摩弗帕勒斯为几代人创造了接触和体验中国历史及其物质文化的途径，改变了西方人只认识中国外销瓷的局面，开启了高古陶瓷在国际市场的地位，奠定了陶瓷收藏的正统观念，同时也加深了西方收藏家、学会、博物馆三者之间的联系。自此，中国工艺品不再单凭漂亮的外貌吸引藏家，中国艺术品背后的来历和历史，开始被西方关注。

大维德爵士
Sir Percival David

今天如果去大英博物馆参观，向导也许会带领你在中国馆、日本馆转一转。但也许他会带领你穿过中国馆和日本馆，到深处一个更加震撼人心的95号展厅——这是大英博物馆为大维德基金会常设的展厅，专门用来陈列大维德所收藏的中国陶瓷，一旦你走进这个房间，任何一个参观者都会马上被震撼到，那布置考究的空间内摆满了各式各样最为珍贵精美的中国瓷器，一排排一列列，令人叹为观止。

在中国陶瓷收藏和研究领域，大维德爵士算得上是20世纪最知名的英国人。1913年，21岁的大维德赴剑桥大学攻读法律学位，可能是伦敦常年的雨雾天气，或是别的什么原因，总之在剑桥期间，有一阵子大维德病得厉害。为了恢复健康，他到南部海边一个朋友家中居住。在那里，大维德陷入了热恋的漩涡，他爱上了起居室壁炉架上摆放着的一只中国花瓶。

斐西瓦尔·大维德，1892年出生在大英帝国殖民地印度孟买的一个显赫而富裕的犹太裔家庭，他所在的家族拥有纺织业、银行业和鸦片贸易，业务遍布亚洲和远东地区。父亲沙逊·大维德是当地著名的银行家，印度银行的创始者，在印度殖民社会中享有一定地位，于1905年被封为爵士，后又被授予准男爵称号。作为父亲唯一幸存并顺利活到成年的儿子，大维德继承了家族的特权与财富。1913年他定居伦敦，娶妻生子后，便急不可待地开始从事他一生的职业——收藏中国艺术。

从1914年起，大维德开始频繁地购买中国瓷器。1918年，他得到一件刻有乾隆皇帝御题诗的宋代定窑碗。在大维德眼中，这是他当时最出色的一件藏品，它镶着铜边，"几乎有蛋壳般的质感和天鹅绒般柔软的表面，刻有最精美的凤凰穿花图案。底为环底，直径约1英寸，刻有40个小字的题款。这是奉乾隆皇帝之命于1774年所刻的一首歌功颂德的诗"。

在1918年写给朋友的一封信里，大维德像一名青涩的少年，在足球比赛后想要

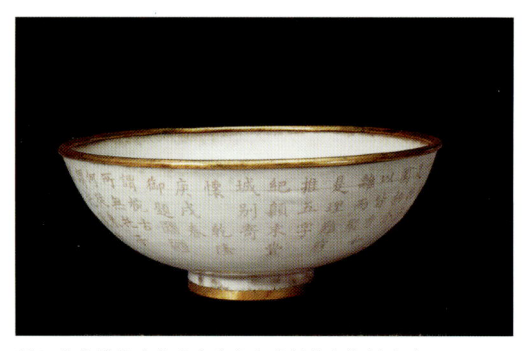

图1 故宫博物院藏北宋定窑白釉刻乾隆御制诗碗

得到来自心上人的夸奖，害羞而又难掩自豪主动试探到："霍布森先生，尤摩弗帕勒斯先生……都见过，并称这毫无疑问是宋瓷。你在图书馆的柜子里注意到它了吗？"

这是一只什么样的小碗？故宫博物院藏瓷器中，题刻乾隆皇帝御题诗的定窑瓷器共6件。其中一件北宋定窑白釉碗【图1】上刻有以下这段文字：

> 谓碗古所无，托子何从来。谓托后世器，古玉非今材。又谓碗即盂，大小异等侪。说文及方言，初无一定哉。然而内府中，四五见其佳。玉骨三代上，承碗实所谐。碗托两未离，只一留吟裁。其余瓷配之，亦足供清陪。兹托子古玉，玉碗别久乖。不可无碗置，定窑选一枚。碗足托子孔，圜枘合以皆。有如离而聚，是理难穷推。五字纪颠末，丰城别寄怀。

我们无需关注这些文字的内容，只要切身体会一下，这样的五字一逗，十字一句，排列整齐又不知所云的中国汉字，当年一定把大维德搞得一头雾水，为了弄清楚这段铭文，大维德曾写信给当地博物馆咨询。虽然不知结果是否令他满意，但这件藏品使他意识到掌握中文对于收藏中国文物的重要性。为了读懂瓷器上的款识，他开始自学中文。当时的英国几乎没有地方能够系统地学习中文和中国艺术。也许是身体中流淌着东方血液，抑或是犹太民族所特有的聪明头脑，到1924年他已具有了一定的中文阅读水平。

破译了晦涩的东方密码，大维德的收藏事业有如神助，他开始系统、深入地研究中国瓷器。他乐此不疲地将收藏的每件器物包括其流传过程都做了相关考证，并且将器物上所有的款识都翻译成英文。1934年出版的《大维德所藏中国陶瓷图录》中，每件器物的详细说明文字都是由他自己提供的。不止如此，1929年他在《东方艺术》杂志上发表了《论秘色窑》，1933年、1937年又分别在《东方陶瓷学会会刊》上发表了《项元汴历代名瓷图谱》和《论汝窑》等文章。

大维德研读了很多有关中国文物鉴赏和中国陶瓷方面的古代经典书籍，如《格古要论》《长物志》《匋雅》《陶说》《天工开物》《遵生八笺》等。他在《论汝窑》一文中运用了大量的古籍史料，甚至包括1124年北宋人徐兢《宣和奉使高丽图经》中有关汝窑与高丽青瓷的叙述。这些古典著作对他的影响是显著的，在《大维德所藏中国陶瓷图录》的前言里，以"江村居士"自居的大维德写到：

> 明高濂《遵生八笺》论官、哥窑器，其结语处云，后此不知凋谢如何，故余每得一睹，心目爽朗，神魂为之飞动……更伤后人闻有是名而不得见是物也……慨夫余于高氏此论辄有同慨，爰节取其言以弁吾书之首……

《论汝窑》的发表是其在早期研究生涯中最重要的研究成果，在这篇论文未经发表前，国内外学术界对于这种陶瓷仍有很多不确定的地方，大维德领先于那个时代，提出汝窑属于官窑。文中讨论了11至12世纪中国珍贵瓷器汝窑的中文文献，并确定汝瓷曾被作为北宋御用瓷器。在大维德的学术论文中，罗列了所有已知关于汝窑的文献记载。编写这张文献列表需要相当大的工作量，因为许多汝瓷都珍藏在国内外博物馆中，秘不示人。而且，大维德所撰写所有的参考文献都是用古汉语写成的。

与绝大部分西方收藏家不同，大维德爵士拥有一种中国古典文人学者特有的艺术情怀。在撰写《论汝窑》一文时，大维德发现了江苏人曹昭成书于明朝洪武二十一年（1388）的《格古要论》，他阅读此书，如获至宝，深感作者的思想情操与己高度契合。《格古要论》是明代存世最早的一部专门论述文物古董典故源流、鉴赏指要、品级优劣、作伪手法和真伪鉴别的文物鉴赏专著。这本明代著作彻底征服了大维德，他下决心将书中阐述的中国传统文人雅士所追求倡导的收藏鉴赏理念、研究考证方法与精神品位介绍给西方世界。

因"珍珠港事件"的影响，大维德爵士曾于1941年被日本人逮捕，在上海被关押9个月。期间他幸运地发现，苏州潘氏家族竟收藏有明曹昭1388年版的《格古要论》三卷本。在此之前，世面上只有王佐1459年版的《新增格古要论》十三卷本，当时很多学者如巴黎的伯希和和华盛顿国会图书馆的哈梅尔这两位西方最著名的汉学家都认为1388年三卷本可能已不复存在。

大维德倾注后半生将曹昭的《格古要论》三卷本和王佐《新增格古要论》十三卷本全部翻译成英文，取名为《中国鉴定学：格古要论》。此书最终在大维德爵士去世后的1971年出版，这是国外翻译的第一部中国文物鉴定方面的书籍，成为海外中国文物收藏家和学者广泛使用的工具书,也因此奠定了大维德在海外中国陶瓷,特别是官窑瓷器研究领域的权威地位。

正是这种精神境界,造就了大维德爵士卓越不凡的艺术眼光和品位。随着大维德对中国文物研究的深入,他开始以一个学者的眼光来完善他的收藏,重心也开始转向收集各种带款识的资料性的瓷器,这是当时西方收藏界比较欠缺的一些品种。

在所有大维德爵士铭文类的藏品中,有一对元代的青花云龙纹象耳瓶【图2】,最为著名。这对青花瓶高达63.6厘米,造型修长挺拔,青花发色苍翠明艳,从瓶口至瓶足由上至下满绘九层不同的纹饰,几乎囊括了除人物以外元青花瓷器上绘画的全部元素,如龙凤、海水、蕉叶、扁菊、缠枝、云纹、杂宝等,具有最典型的元青花艺术风格,瓶颈部有"奉圣弟子张文进喜舍香炉花瓶一付祈保合家清吉子女平安……至正十一年四月良辰谨记"等铭文。

历史的机缘常常让人难以琢磨,张文进的祈愿果真灵验了吗?他的全家和子女真的平安了吗?不管如何,有一点张文进是绝对想不到的——自己成为了600年后全世界中国陶瓷研究界的名人,这对珍贵的元青花云龙纹象耳瓶,成为了见证揭开元青花神秘面纱的直接证据。

此瓶身世颇为传奇,可谓"从南到北,由东至西,元代青花,外流英夷"。

1351年,这对大瓶被烧制而出,供奉在江南庙宇,300多年后的清康熙年间,它从江南寺院被运到京师后,成为北京智化寺祭台上的供器。

现坐落于北京市东城区禄米仓胡同的智化寺,最初是明英宗朱祁镇的司礼太监王振的家庙,英宗为其赐名"智化禅寺"。王振是明朝第一代专权太监,历史上的明英宗并不是贪求淫乐不理朝政,他只是遇到王振就发昏,凡是王振说的,他马上就相信,而且认为是最好听、最正确的。就这样,王振轻而易举地尽揽明王朝的政

图2 元青花云龙纹象耳瓶

权，在京城内大兴土木，修建府邸，修建智化寺，为自己求福。

明代智化寺香火兴旺，一直延续到清乾隆七年（1742），曾校阅《明史》而深知王振当年擅权作恶的山东道御史沈廷芳，发现智化寺内仍有"逆振之像，俨居高座，玉带锦衣，香火不断……不禁发指"，遂奏请"立毁其像，投诸水火，并仆李贤之碑，以示惩创"。后来，王振塑像所在的后庙西庑，改成了阎王殿。智化寺的香火渐稀。这种情况延续了一百五十多年。整个庙宇破旧，未再重修。

1900年，八国联军抢掠北京，加速了智化寺建筑的残破。到了20年代初，残破的如来大殿内，昔日肃穆庄严的如来佛尊，佛前的瓷瓶、香炉、宝塔罩满了尘埃，即便在午前阳光下，也难看清这些宝物的真面目。寺庙香火少，于是僧人们便打起"创收"的主意，出租后院多间小房以维持生计，之后的智化寺俨然成了大车店，院内住着各种各样做买卖的人。

元青花云龙纹象耳瓶从智化寺流出，据说是与吴赉熙有关。吴赉熙，福建闽南人，曾在琉璃厂附近开棺材铺。智化寺衰落时期，他一方面将智化寺做仓库，在佛堂存放棺材；另一方面，与寺内住持和尚勾结，砍伐寺内百年古柏做棺材。在做棺材生意的过程中，吴赉熙结交了不少琉璃厂的古董商人和文物贩子。

20世纪20年代，吴赉熙和琉璃厂古董商纪小辫两人联手展开了对智化寺如来殿内文物的盗卖活动。吴赉熙首先买通智化寺住持普远和尚，以做棺材为由购得藻井等一批文物，接着转卖给纪小辫。纪小辫为避人耳目，趁天下大雨，雇佣劳力将九龙图藻井运到家中。两天后，又运到燕京大学设在盔甲厂学校内的一间空房中，之后从天津装船运往美国。吴赉熙则拿走剩下的佛经卷和6件瓷器，其中有两对瓷瓶，两件瓷罐；纪小辫自己留下了所有的铜佛、一件青花香炉和一件雍正铜胎蒜头瓶。

吴赉熙得到元青花瓶后，首先想在琉璃厂卖掉，但在当时是没有元代瓷器这个概念的。元朝统治中国不到百年，古玩行一直将元瓷或归于宋，或归为明，始终不承认元代瓷器的存在，有人甚至曾为元瓷创造了"前明瓷"的概念。所以当这对瓶子在琉璃厂出现，被行家古董商们一致判定为赝品，四处碰壁。吴赉熙只好将"赝品"随身带着，登上了夏仁德帮他联系的开往英国的轮船。

抵达英国后，两只元青花瓶顺利脱手，卖给茅茨图华特·威廉·艾佛斯通——艾氏家族是苏格兰最古老的贵族后裔中的一脉，"老艾"在家中排行老四，他无爵无官，只醉心于东方瓷器和肖像摄影。艾佛斯通在40岁时被任命为孟买地方总督。

印度的当地报纸这样描述这个外域来的总督大人:"脸庞消瘦的新总督来自苏格兰……他喜欢穿着用中国丝绸做成的衬衣坐在凉台的摇椅里,在印度洋吹来的柔和的西南风中,一面悠闲地喝着青花瓷碗里碧绿的中国茶,一面眺望蓝色的阿拉伯海上飘扬米字旗的船舰。"

艾佛斯通于1929年进入英国东方陶瓷学会,先于大维德两年多。1927年,大维德以不便公开的价格,从艾佛斯通那里得到青花对瓶的其中一只。元青花象耳瓶的另一只,是大维德于1935年通过苏富比公司举行的罗素藏品专场拍卖,以360英镑的价格拍到的。

查尔斯·恩尼斯特·罗素(Charles Ernest Russell),兴趣广泛,从玻璃、陶瓷到家具、绘画的收藏,他均有涉猎。从1920年起,他开始收藏中国瓷器,得到不少精品,包括元青花象耳瓶的另一只。1931年罗素出版了《私人收藏家的中国陶瓷》,书中收录有此瓶,大维德早就盯上了它。而实际上罗素的这件也是来自艾佛斯通。

这对青花瓶在伦敦出现,首先引起了霍布森的注意,1929年1月他在伦敦《旧家具》杂志第六卷上发表的《明代以前的青花瓷》一文中专门提到这对带有纪年款的青花瓶,但是霍布森的发现,在当时并没有引起学术界很大的反响。1952年美国弗利尔美术馆学者波普博士(John A. Pope)发表了《14世纪青花瓷器:伊斯坦布尔托普卡比宫所藏一组中国瓷器》。在这本书中,他以大维德收藏的这对青花瓶为标准器,对照土耳其托普卡比宫收藏的几十件与之风格相近的中国瓷器,将所有具有这对青花瓶风格的青花瓷定为14世纪青花瓷器。波普这本32开的黑白图集,一举改写了世界陶瓷史,从此元青花受到全世界研究中国古陶瓷学者的重视和承认,被波普称为"构成本书理论基石"的这对元代青花象耳瓶,成为陶瓷界公认的"至正型"元青花断代标准器,研究和收藏元青花瓷器的热潮随之蔓延全球。

元代瓷器的概念出现得比较晚,所以早期这对瓶也许并不为大维德所看重,至少1934年以前情况如此。因为虽然1927年他已购得一只瓶,但在1934年编著的《大维德所藏中国陶瓷图录》里并没有收录这只青花瓶,而且在这本图录中也很少有明确标明为元代的器物。他可能只是被瓶颈部那段事无巨细,标明年代、地点、人物、烧造目的的青花铭文深深吸引,从而狂热地想得到它们。不过后来,元代青花釉里红器、枢府瓷、蓝地留白器及红斑装饰器,也逐渐纳入大维德的收藏,他的元代陶瓷体系才相对完备。

从艾佛斯通到罗素，从霍布森到波普，每一位与大维德瓶相关的西方藏家、学者都比大维德更加资深，他们是西方研究和收藏中国陶瓷领域至为重要的人物，对于这件"至正型"元青花标准器的收藏研究所做的贡献，都不比大维德逊色。但大维德凭借着自己对于中国铭文瓷器的学术研究能力，兼容并济，将这一属性的古代陶瓷汇聚。这对瓶分离聚合，辗转流传，最终在大维德手中被世界瞩目，如今人们只知道这对象耳瓶的主人是大维德，至于其他几位，已经在他的明星光环下，悄悄隐去了，于是人们习惯将其称为"大维德瓶"。

至此，从20世纪70年代开始元代青花渐渐受到重视，但市场中没有发现多少堪称传世之作的元代青花精品，直到元青花鬼谷子下山图大罐【图3】的惊艳面世。

时间回溯到第一次世界大战期间，荷兰人范·赫默特男爵被派驻北京担任荷兰使节护卫军司令，在中国买到一件青花大罐。罐上画的是战国时代齐、燕交战中，孙膑被燕国囚禁，他的师傅鬼谷子下山营救徒弟的故事。不过他购买这个罐时，元代还未被认定能做出如此精品瓷器，因此他一直以为此罐是明代作品，在20世纪60年代把这件大罐拿去拍卖公司鉴定，得到的也是相同的答案。于是他便不再对这件大罐有什么重视，在2005年拿去佳士得估价之前，大罐被放在墙角多年，用来盛放CD碟片。

2005年这件大罐被赫默特家族的后代再次送去佳士得估价，当时的人们对于元代瓷器的价值已有充分的认识。"秘藏"的元青花鬼谷子下山图大罐出现在伦敦佳士得，这种行家眼中的"新鲜货"，一旦披露，市场兴趣很高，深受藏家重视。拍卖前，专家对瓷罐的估价为100万英镑，也有人说拍出500多万英镑没有问题。

拍卖当天，参与标罐的前后至少有七八人，此外还有收藏家通过电话竞拍。竞价达到1000万英镑时，仍有六七个人出价。最终拍得

图3 元青花鬼谷子下山图大罐

者埃斯卡纳齐是世界上经营中国早期艺术品的主要古董商。他在竞价达到1350万英镑时才加入，和一位电话竞拍者经过持久角逐，将宝物收入囊中。拍完后，埃斯卡纳齐说，他被现场的紧张气氛耗尽气力，并承认说："我已经到了我的极限，不知道我还能坚持多久。"

这件元青花鬼谷子下山图大罐以1400万英镑拍出，加佣金后为1568.8万英镑，折合人民币约2.3亿，创下了当时中国艺术品在世界上的最高拍卖纪录。可以想象，若大维德的元青花象耳瓶能出现在拍场，定会拍出一个不可估量的高价。

在大维德的收藏中，带款识、铭文的藏品非常丰富，它们在藏品中所占的比重超过世界任何其他地方的收藏。这些款识或言明器物的用途，如元"泰定四年"龙泉窑供奉瓶、明代白瓷"金箓大醮坛用"款茶盏；或道出制作者的姓名，如磁州窑"至和三年张家造"瓷枕、金农绘五彩惜春图盘；或记录制作的年代，如"元祐年造"龙泉窑盘、"洪武五年"青瓷砚、"崇祯己卯十二年"五彩瓶；或说明陶瓷曾经的归属者，如明"内府供用"蓝釉罐、明"纯忠堂用"青花八仙纹盘、明"赵府造用"五彩龙纹盘等。好运总是垂青大维德，他的收藏常常成为断代标准器，令国内外知名博物馆也黯然失色。他的秘籍之一就是对铭文瓷的重视，这些文字常常能为器物用途等相关考证提供有力依据。

如今的大维德基金会所展示的藏品，以有大量铭文的瓷器而著称。1998年，大维德中国艺术基金会出版了《堂名款瓷器》【图4】一书，展现了大维德在这一领域的学术研究及收藏成果。

堂名、斋名一般是文人士大夫的居室之名，这种风气在清代尤为盛行。清代帝王也常将自己居住的地方冠以斋名、堂名，以明其志、抒其怀。这种堂名、斋名之风在瓷器上也有所表现。据《明清瓷器鉴定》一书对清代瓷器的不完全统计，属于堂名款的瓷器有250多种，而帝王的堂名往往与帝王的活动范围有关，其中大部分应在紫禁城宫中或圆明园、承德避暑山庄等行宫内。

比如康熙"中和堂"款，是他在圆明园中曾经居住的建筑，主要出现在青花釉里红器上；雍正"朗吟阁"款，是他曾是雍亲王时在圆明园中的居所，见有蓝釉、白釉器等；"古香斋"是乾隆皇帝的斋名，是弘历做皇子时的一处旧邸。"懋勤殿"则为明嘉靖十四年（1535）建，位于乾清宫西庄，取"懋学勤政"之义。此处为皇室贮藏图书史籍之地，清朝沿明朝旧制，仍将图书翰墨贮于此。故宫博物院藏

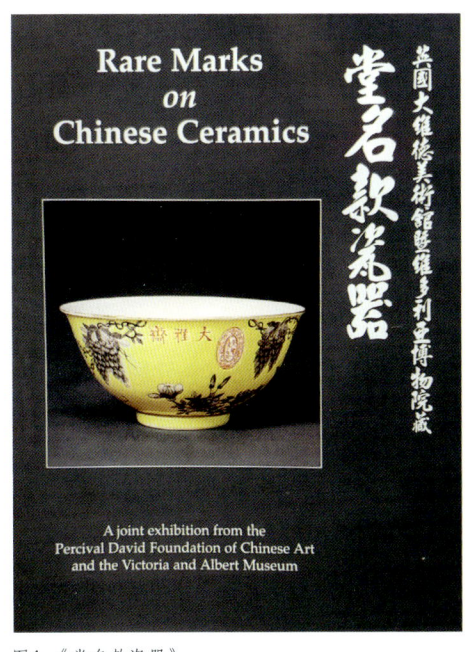

图4 《堂名款瓷器》

一件印泥盒，盒面青花绘云龙纹，金彩书"懋勤殿"三字，盒内印泥鲜红如初，盒底书"大清嘉庆年制"款。

大维德收藏的堂名款瓷器中有一类清光绪年间烧制的写有"大雅斋"款，气息渊雅，意境清新的御用瓷器。自19世纪40年代始，清代官窑瓷业逐渐呈衰落趋势。官窑在咸丰年间，由于战事曾一度停烧，同治朝虽恢复生产，但元气大伤，鲜有精品。"大雅斋"瓷佼佼而出，其纹饰告别传统官窑常见的龙凤、缠枝花卉题材，代之为各式灵禽花卉，绘画施彩之精，独步一时。

当时，大雅斋瓷器在紫禁城内专供慈禧太后使用，主要集中在长春宫内。大雅斋瓷器前后烧造一共4922件，耗费白银58829.37两。常见大雅斋瓷器都署"大雅斋"三字横款，右旁钤"天地一家春"篆体双龙椭圆章。"天地一家春"代表了她的私密空间、个人居所，大雅斋则是她的书法画室，二者都是她最为喜爱和亲近的地方。大雅斋瓷器系统的烧造又从另一角度见证了慈禧太后对大雅斋的钟爱，并由此折射出其对咸丰皇帝的眷思。

在大维德所收藏的众多堂名款瓷器中，"大雅斋"一定不是艺术性最高的，事实上从现存的"大雅斋"瓷器来看，釉面并不十分光滑，多存在气泡和橘皮纹现象，且在色地与彩绘纹饰之间有明显的接痕，与雍正、乾隆时期的粉彩瓷器艺术水准相去甚远。但这些华丽的瓷器，代表了晚清时期的宫廷风尚，也展现了慈禧个人的审美追求和取向。异样的奢华，为渐趋衰微的晚清制瓷业平添了一道独特风景，堪称晚清最为著名的御窑瓷器。因此，对于中国近代陶瓷史而言，这是颇为重要的一章。大维德对中国，尤其是中国宫廷文化所知甚深，自然深谙此道，于是一件清光绪"大雅斋"黄地墨彩葡萄花卉纹碗成为了大维德基金会所出版的《堂名款瓷器》一书的封面。

大维德基金会共拥有近1700件中国瓷器，但我们知道，他当初向伦敦大学提出的捐赠方案中，只提到要捐赠1400件。其实，大维德基金会丰富的收藏并不来自于大维德一己之力，1952年大维德好友艾佛斯通将他收藏的200余件明清单色釉瓷器也捐给了基金会，这些单色釉今天按照颜色区分，一柜红釉、一柜黄釉、一柜蓝釉，具有极强的视觉震撼力，大抵是步入展厅时，最夺人眼球的艺术品了。大维德再一次用自己享誉世界的独特收藏品味，海纳百川，如今人们只记得大维德和他的收藏，其他收藏者的名字却渐渐被历史淡忘。

在参观大维德瓷器收藏之前，一直有这样一个问题困扰着我：大维德本人精通中文，为什么至正瓶上如此重要的铭文没有引起他足够的重视呢？这个问题在我步入展厅后的瞬间便涣然冰释了！展厅里最为夺目的不是至正瓶，而是那些在中国只能在深宫里才能看到的宋代汝窑和官窑。

英国对于中国瓷器收藏有着悠久的传统，早在16、17世纪，中国瓷器就已被欧洲东印度公司的商船源源不断地带到英国，19世纪以来英国博物馆学的发展，更是促进了中国陶瓷的收藏活动。1910年，伦敦伯灵顿举办了英国也是欧洲首次中国艺术展，1915年英国陶瓷专家霍布森撰写了西方公认的首部关于中国陶瓷的学术著作《中国陶瓷》。这一时期，一些英国有影响力的著名艺术评论家如弗莱（Fry Roger）、宾庸（Laurence Binyon）等人正在伦敦倡导西方现代主义，他们激赏东方艺术，鼓励人们用另一种方法看待艺术，伦敦可以说是当时海外中国艺术研究和收藏的中心。大维德也深深地被这种氛围所濡染。

当时英国东方陶瓷学会代表着西方收藏和研究中国瓷器的最高水准，只有在艺术修为和收藏品位得到权威认可后，才能获准加入。许多收藏家梦寐以求成为其会员。1923年的大维德在伦敦已小有名气，但与同时期英国一流中国陶瓷收藏家相比还有很大的差距，1921年的东方陶瓷学会还没有他的一席之地。从收藏内容上看，此时他的收藏仅限于瓷器，而且收藏范围广泛，还没有形成自己的风格，与英国其他收藏家没有什么区别。然而随着收藏的深入，大维德越来越沉迷于中国古代艺术，他再也不满足于像绝大多数英国收藏家那样在英国本土从古董商手里购买中国文物，他决定亲自去中国！

作为收藏家，他确实是遇到了千载难逢的好时候——1911年清政府被推翻后，大量的清宫旧藏的文物通过溥仪、溥杰以及太监等各种途径从宫中流散到社会上。1924年11月，末代皇帝溥仪被赶出紫禁城，"清室善后委员会"筹备成立故宫博物院并对外开放，以前深藏宫中的珍宝得以公诸世人。大维德不仅继承了家族巨额的资金，更遗传了犹太商人的那种机智、敏锐、执着和超凡的社会活动能力，他一到中国，便将自己的活动与故宫紧密地联系在一起。

据大维德夫人回忆，大维德首次到北京是1924年："那时紫禁城里的皇家珍宝正打包在箱子里杂乱无章地放置着，没有人想到去展览。大维德成功地说服了故宫官员，挑选合适的宫殿陈设出一些珍宝，向一直期盼能看到先人遗产的市民们开放。一个合适的宫殿被选出，但需要彻底维修。大维德又提供了经济上的支持。这个展览取得了巨大成功，出版了展览图录，观众远远超出了预期……"

当真正面对令人目眩神迷的清宫珍宝时，大维德爵士彻底为之倾倒，回到伦敦后，他立下了雄心壮志，要建立一个以紫禁城的皇家珍藏为标准的中国艺术品收藏。

此后1927、1930、1931、1932、1935年大维德又多次往返于中英之间，参与了故宫各个宫殿里文物登录以及展览和图录的策划工作。据故宫博物院的档案资料：1929年7月24日，大维德爵士捐款5073.05元，用于修缮景阳宫后院御书房及购置宋、元、明瓷器陈列馆的陈列柜；1929年8月10日，故宫聘请大维德为故宫博物院顾问。位于景阳宫御书房的宋、元、明陶瓷陈列馆从展品遴选、展览设计甚至到说明标签的撰写都基本上是在大维德的指导下进行的；1935年春，大维德发起和策划伦敦国际中国艺术展览会，并作为理事会总干事来中国遴选展品，共选出艺术珍品1022件参展，其中有735件故宫博物院所藏宫廷文物精品。

大维德夫人1931年才与大维德相识，她的回忆中某些地方可能和事实有一些出入，但是由以上资料我们至少可以看出，从1924年到1935年间，大维德频繁地奔波于中英间，他亲自参与了故宫博物院早期的文物登录和展览工作，与大量清宫旧藏的文物有着零距离接触。

广为流传的一个故事是：1927年盐业银行准备出售溥仪1924年抵押在那里的清室珍宝。故宫博物院为此专门于1927年4月25日发函请国务院及内务部禁止盐业银行变卖、处理清室抵押物品。盐业银行是个具有官方背景但属私人性质的商业银行，是由著名文物收藏家张伯驹之父张镇芳创办的。据大维德夫人回忆，大维德得到这个消息时已经有两个买家正在与银行沟通此事，后来由于受到"如果把这批藏品带离北京，将有人身安全问题"的威胁，那两个买家都不得不放弃购买计划。一生充满冒险精神的大维德并不退缩，这批清宫旧藏的文物精品给了他无限的力量，他决定不顾一切要来冒这个险。与盐业银行的谈判前后持续了一年多，经过几番周折，到第二年大维德才与盐业银行达成一致，购买了其中的40多件。在这40多件器物中，大部分为宋代名窑瓷器，其中官窑、哥窑瓷器居多，近20件，其中很多有乾隆御题诗，如乾隆御题哥窑簋式香炉（2件）、乾隆御题哥窑葵口碗（2件）、乾隆御题官窑弦纹贯耳壶（2件）、乾隆御题官窑鼎式香炉、乾隆御题官窑胆瓶、乾隆御题官窑碗等。没有御题的有官窑玉壶春瓶、官窑羊耳尊、官窑兽面衔环方壶、官窑六方形香炉、官窑胆瓶、官窑印花莲瓣纹碗、官窑八卦纹香炉、哥窑钵式香炉、哥窑水盂等。宋代其他名窑瓷器也为数不少，如乾隆御题钧窑瓷枕、龙泉窑鬲式香炉、定窑纸槌瓶、定窑方洗等。此外还有少量明、清官窑精品，如乾隆御题明宣德款霁红碗、明"内府供用"款蓝釉罐、雍正款仿宋汝窑纸槌瓶、雍正款岁寒三友斗彩茶壶、康熙款桃红釉碗、清仿宋定窑刻花碗、定窑象尊等。

虽然现在也有人提出，盐业银行可能是一个虚假的概念，这段史实的具体细节我们不去深究。但毫无疑问的是，大维德的这批藏品来自这一事件，而且正是它们，构成了大维德收藏中最精彩、最有代表性的部分。1930年，也就是这批藏品通过日本、美国辗转运回伦敦的第二年，在英国收藏界引起了轰动，大维德才终于得到英国同行们的认同，获准成为代表着当时西方中国陶瓷收藏和研究最高水平的东方陶瓷学会会员，进入了英国中国文物收藏的核心群体。

应清宫管理局方面的邀请，大维德爵士在1932年又回到了北京，开始着手筹备一个即将震惊世界的中国艺术大展。他邀请了当时西方最著名的中国陶瓷学者和著名收藏家——来自大英博物馆的霍布森（R.L.Hobson）、收藏大家尤摩弗帕勒斯和拉斐尔（Oscar Raphael）组成了四人的大展组委会，在英国皇家学院的赞助下，开始安排、迎接和设计来自中国北京及其他国家的参展品。在克服了无数难以想象的困难后，大维德爵士的展览计划终于得到了各个国家领导和各部门部长、各国大使、艺术赞助者以及欧洲、亚洲和美洲的各大博物馆、收藏家和重要学者们的热情支持。他甚至说服了英格兰海军出动巡洋舰来保护和运输来自北京的清宫珍宝。

1935年11月，一个有史以来规模最大的中国古代艺术珍品大展，在伦敦的伯灵顿大厦开幕。这个里程碑式的豪华大展，阵容空前，精品荟萃，无论在商业还是教育方面，都取得了巨大成功，被称之为"伟大的展览"，使中国古代艺术的光芒瞬间照耀了整个西方世界。

正是由于他在故宫的这些特殊经历培育出的鉴赏品味,使他对中国文物的认识一开始就建立在一个很高的基础上。清宫藏品的获得,对大维德的收藏生涯有着至关重要的影响。此后大维德开始以中国宫廷特别是乾隆皇帝的欣赏趣味和眼光来建立他的个人收藏,有着浓厚的"皇家情结"。

虽然人们常常认为,大维德对于中国文物的收藏,特别是中国陶瓷,其质量之精、品位之高、学术价值之大,是西方其他收藏家所无法比拟的。但我认为大维德爵士的收藏目的,并非是想涵盖整个中国陶瓷史,而只是专注于宋代及宋代之后的瓷器精品,至于早期一类胎质松软、渗透性强的陶器,看起来与世界其他地区产品的生产工艺和性能相差不大,并不在他的收藏范围内。除非这种陶器有什么特别。

2012年秋天,一位朋友打电话给我,让我帮忙看看当年英国苏富比拍卖有什么可买的瓷器。我翻来覆去地看着拍卖行寄来的图录,重要中国瓷器及工艺品专场体量庞大,内容繁杂到几乎涵盖了陶瓷、家具、青铜、玉器、杂项等,从西周到清末横贯两千余年的中国古代艺术品,但普品众,精品稀。我建议朋友,如果要入手,不妨选择这件周/战国的印纹灰陶罐【图5a】吧。

朋友怀疑我在开玩笑,问道:"这件其貌不扬灰秃秃的寻常陶罐,估价2万英镑,怎么能买呢?"

"你就去买吧!如果你能买到,别说2万英镑,哪怕花上20万也是个大漏。"我说。

最终朋友也没有买到,因为这件东西卖了735650英镑,按照当时汇率,相当于人民币700多万。

看似朴素的陶罐为什么拍出这么高的价钱?有两个重要原因,第一陶罐是出自大维德爵士旧藏,曾被著录于1934年出版的《大维德所藏中国陶瓷图录》。第二,陶罐口沿部位刻有一首乾隆己丑夏御题款御制诗【图5b】,后有乾隆皇帝的款识,证明这个陶罐是被乾隆皇帝收藏过的,这对于大维德有着重要的意义,也是他会破例收藏这件早期陶器的重要原因。

在中国历代帝王之中,大维德对于乾隆皇帝的品位最为认同。清高宗乾隆皇帝的生活经历,几乎贯穿了整个18世纪。他生于1711年,卒于1799年,在位60年(1736—1795)。退位之后又当了三年的太上皇帝,仍然掌握政权,是长寿且在位时间最长的皇帝。在位时,曾经亲自考订文物,投入大量人力、物力,建置清宫典

图5a 周/战国的印纹灰陶罐　　　　图5b 乾隆己丑夏御题款御制诗

藏。如今分别收藏于台北故宫博物院、故宫博物院和沈阳故宫、承德避暑山庄，与南京博物院中的传世藏品，因多数皆可追溯出乾隆皇帝亲手典藏的痕迹，人们常开玩笑说：原来乾隆皇帝才是故宫博物院真正的"第一任院长"。

　　清朝统治者是来自中国东北边境的少数民族，汉人虽然臣服于他们的统治，但其实都在观望或怀疑，传统的中国文化在他们手中能得以保存吗？在这样的背景下，乾隆皇帝心生一计，他把对中国古文化的欣赏变成了一种巧妙的政治同化手段。乾隆处理文物的典型做法：欣赏一件美物，查阅历史典籍并将结论写成诗句，并捎带创造出另一件艺术品。据郭葆昌辑《清高宗御制咏瓷诗录》，清宫旧藏中有乾隆御题的瓷器大约有199件。以今天的陶瓷史视野来看，经过乾隆皇帝御览鉴赏并刻有御制诗的陶瓷，其窑口涵盖定窑、汝窑、官窑、哥窑、钧窑和明朝宣德官窑等制品，明显可以看出，他所降旨镌刻御制诗的器物，以及对于两宋名窑作品的选择，就工艺美术方面而言，深受晚明以来江南地区文人士大夫审美趣味的熏染。在大维德收藏中，有乾隆御题的瓷器20件左右，大部分御题藏品出自盐业银行出售的清宫旧藏。

　　乾隆曾在一件汝窑青瓷盘底上刻诗云"宋瓷方是瓷"，他认为宋瓷才是真正的"官瓷典范"。宋代社会崇尚内敛含蓄的艺术品位，讲究低调的奢华，以并不贵重的原料制作的质朴而古雅的陶瓷器物，完美呼应了这一时代的精神追求。在当时成百上千的窑场中，出现了少数独具风格、声誉卓著者，其中魁首当为汝窑，其温润典雅的天青釉像是捕捉了雨过天晴刹那间的云光掠影。

　　这类瓷器风格简约，可能乍看并无特别之处，也许还有些令人失望。的确，在大维德基金会的展柜里，汝瓷大多是小型器物【图6】，没有纹饰，通身满釉，釉汁莹厚，釉色天青，宝光内含，常有细密开片，仿佛整体都是用珍贵的宝石所制。为达到这种烧造效果，汝器须用极小的支钉裹足支烧，因而底部会留有细微的"芝麻钉"痕迹。尽管汝窑是宋瓷中最名贵的品种，但是却很少被模仿，其中一个原因很可能是因为传世稀少，没有可模仿的范本。

有记录的传世汝窑瓷器全世界不足百件，是官窑系统中传世最少的一个品种，台北故宫博物院也仅有21件。大维德爵士拥有除两岸故宫博物院之外数目最多的汝窑整器收藏（不包括窑址发掘出的瓷片和丢弃的废品），被陶瓷界公认的没有争议的在10件以上。其中汝窑奁式炉全世界仅发现三件，另两件在故宫博物院和美国辛辛那提美术馆，但都不如大维德收藏的这件尺寸大【图7】。此外，葵口盏托，全世界也仅存两件，另两件在英国维多利亚与艾尔伯特博物馆和美国弗利尔美术馆。

对于瓷器收藏家来说，想拥有一般人终生只能仰视的热点藏品，如元青花、明成化斗彩、清三代珐琅彩，只要财力雄厚，耐心期待，都还有机会购藏，但汝窑瓷器却往往是难以企及的，私人收藏家中能达到如此高度的唯大维德一人。

拍卖市场中早已难觅汝瓷踪影，至今20余年间，汝瓷完整器在市场中露面次数屈指可数。比如1992年12月3日，香港著名收藏家区百龄在纽约佳士得拍场上勇挫群雄，以154万美元的高价成功竞得一件直径为17.5厘米的汝窑小洗。这件洗收藏传承

图6 大维德基金会收藏的汝窑瓷器展柜

有序，民国初年曾为知名古董商卢芹斋（C.T.Loo）收藏，后来卖入美国史蒂夫·姜肯三世家族（Stephen Junkunc Ⅲ）。这一价格是当年中国瓷器在世界范围内的最高价。

此后直至2006年3月29日纽约佳士得春拍，才出现另一件汝窑残器——北宋汝窑盘，直径7.2厘米，经过火烧，口沿残损，也是美国史蒂夫·姜肯三世家族的旧藏品，当时仅以6万美元成交。

图7 大维德藏北宋汝窑天青釉三足奁式炉

2012年4月4日，香港苏富比春拍，一件日本藏家珍藏的北宋汝窑天青釉葵花洗【图8】，估价为6000万至8000万港元。拍卖开始后，8位竞投者的出价此起彼伏，持续时间超过15分钟，经34口叫价，最终被一位电话竞投者收入囊中，以2.0786亿港元天价成交。这件汝窑天青釉葵花洗直径13.5厘米，六葵瓣花式，口略撇，上丰下敛，浅腹薄壁。棱角含蓄，器身随沿起伏，圈足微外撇，底有细小芝麻钉痕三枚。通体施釉，淡绿如天青，隐约冰裂开片，间以细纹，葵瓣边沿薄釉处泛淡淡暗紫色，通体天青色中泛淡淡的灰色，恰到好处的温润内敛，让人心静平和。此洗为文房用器，葵花式口的器形脱胎于宋代漆器，宋代瓷器中花口洗不少，但汝窑瓷多为圆口，少见花式。在河南宝丰清凉寺遗址出土的96件（完整器约52件）瓷器以及汝州张公巷窑出土的38件（完整器约7件）瓷器中，仅发现一件类似花式口的出土残器，且尺寸较小。这件汝窑葵花洗与大英博物馆所藏汝窑葵花洗原为一对，同属英国著名中国高古瓷收藏家克拉克夫妇的旧藏，1936年两人将其中一件连同一件汝窑玉壶春瓶一起捐赠给了大英博物馆，另一件曾出现在1937年的法国展览上。1950年克拉克先生辞世后，克拉克夫人一直珍藏着这件汝窑葵花洗，直至1976年去世前数年才将其出售给英国古董商，后为日本东京茧山龙泉堂所藏，随后转入日本私人藏家之手，沉潜逾30年。茧山龙泉堂是日本二战前知名古董店，一度与山中商会齐名。

由于宋代汝窑实物存世数量太少，关于汝窑的鉴定是很困难的。即使时时都能把玩汝窑瓷的乾隆，也未必能掌握正确鉴定汝瓷的方法。在大维德的收藏中有一只碗内刻有1789年乾隆御题的汝窑碗【图9】，题款如下：

> 均窑都出修内司，
> 至今盘多碗艰致。
> 内府藏盘数近百，
> 碗则晨星见一二。
> 何物不可穷其理，
> 碗大难藏盘小易。
> 于斯亦当知惧哉，
> 愈大愈难守其器。

图8 北宋汝窑天青釉葵花洗

此诗镌刻凹陷处仍可见朱砂痕，是乾隆在瓷器上镌刻御题诗的常见做法。诗中显然把汝窑瓷和钧窑瓷搞混了，还感叹碗不易保存、盘多碗少。但大维德在世时，已经对这种错误的认识做出了修正。

"黛质冰纹润如玉"，这是乾隆品评钧瓷的诗句。唐代某些工匠在黑釉器物上泼洒乳浊蓝斑制造出花釉器，这种蓝斑被钧窑窑工进一步运用发展，烧成了醒目的钧窑乳浊蓝釉器物。钧窑另有一种更为绚丽动人的釉色变化效果，为其他宋代陶瓷所未见，即将此乳浊状钧釉与铜元素结合，烧成了一种蓝中呈艳紫的釉色或明艳的紫斑釉色效果。除了上述这些采用简便的轮制拉坯制作的器物，钧窑另有一种非常不同的产品，是用模制方法专为宫廷烧制各式蓝釉或紫釉的花器，这些器物底部都刻有一到十的编号，可能是为了便于将每种花盆及其盆托配套。基于某些考古发现，这种钧窑器物在20世纪几十年间一直被认为是北宋时期的作品，但是近年来流行另一种被广泛接受的说法，即认为这类器物实为明初制作的宫廷花器，可能是明永乐时期为紫禁城中新建宫殿的布置陈设而特意定制的。大维德爵士收藏的钧窑器物十分丰富。【图10】

2014年苏富比一件北宋/金钧窑天蓝釉紫斑小碗，口径仅8.7cm，拍出430万元高价。钧窑中的紫斑小碗，历史上就是名品，大维德爵士的旧藏中，亦见此类小碗。【图11】由于其器形丰圆，似皂泡，遂得洋名"bubble bowl"。柯玫瑰（Rose Kerr）于书中记，钧瓷紫斑器，取铜料，着笔几抹入窑，火去时，青紫交融，现斑斓，五光十色，每窑绝无同者。这类紫斑小碗，20世纪80年代的价格就比较高，但中间一

图9 大维德收藏刻乾隆御题诗汝窑碗

段时间,由于精品资源匮乏,拍场上多是一些宋金时期的民用器,大家也就不太关注这个品种。如今饮茶文化的复苏,再次引发了钧窑的回归,这件小碗口径在9厘米左右,是最适宜现代饮茶的茶盏大小。

定窑是宋代五大名窑中唯一的白瓷,其他全是青瓷。明代的文人士大夫阶层认为,历代老瓷器能入当时古董行的只有两种,一种是碎器,即带开片的哥、官、汝等;另外一种就是定窑。其他不得入列古董席位。定窑胎体轻薄、质感迷人、造型优雅、品相珍贵,有些器物还镶有金边,成为当时最精美的餐具。这类带有皇家气息的定窑瓷器,如今在拍场上大受追捧。

2013年3月19日,一位卖家抱着试水的心态,将收藏的一只定窑小碗【图12】送纽约苏富比拍卖。没想到这一试,试出了轩然大波。在当天拍卖中,原本估价20万至30万美元的拍品,遭遇4位买主激烈竞拍,最后由来自伦敦的著名行家埃斯卡纳齐以223万美元买走。大约10倍的溢价令人咋舌。

拍完之后,很多人不理解估价到成交价之间巨大的差价。但我个人认为,这只碗达到了"官定"的水准,年份应该是五代至北宋早期。次年春拍拍场上,陆续出现了几件被认为达到"官定"水准的定窑瓷器,最终拍出了千万元以上的价格。2014年苏富比"艺海观涛:坂本五郎珍藏中国艺术"定瓷专场中,以1.468亿港元成交的北宋定窑划花八棱大碗【图13】,彻底奠定了艺术品拍卖市场中"官定"的价格。

一些定瓷上还带有底款或铭文,如"官""新官""尚药局""尚食局",这些都证明其曾用于宫廷中。大维德收藏有一件五代/北宋早期的白釉小葵花瓣式盘,带有罕见的"会稽"铭文。【图14】"会稽"以往被解读为地名,但最近学者考

图10 大维德藏北宋钧窑紫斑胆瓶 　　　　　图11 大维德藏钧窑紫斑小碗

图12 北宋定窑小碗 　　　　　　　　　　　图13 北宋定窑划花八棱大碗

证，其实"会稽"是指宫廷会计司，相当于宫廷的财务处。这种说法使得瓷盘是官器的说法更加顺理成章。目前传世定窑器皿和残片以碗及盘居多，极少出瓶、罐等立件，这是由于圆器较易拉坯成形，可大量制造，而立件常常需要分段拉坯接合成形，这就要求每段塑形精确、接合须稳固无痕，故成品殊稀，大多难免于窑中毁塌或变形。2017年苏富比春拍，一件北宋定窑刻花牡丹纹长颈瓶【图15】，以1990万港元成交。大维德爵士亦收藏有若干非常罕见的定窑立件，如梅瓶、长颈瓶。大维德所藏长颈瓶，与苏富比这件略有不同，筒腹、折肩、磨口，现藏大英博物馆，被多次展出及载录。

由于受到了来自北方游牧部落的不断侵犯，宋王朝不得不在1127年放弃都城开封而向南方迁移，也因此失去了原来的陶瓷供应。浙江杭州被作为临时性的都城，直至南宋结束。宋高宗在杭州建立了一座官窑，归修内司管辖。这种设置在城内的小型窑

图14 五代/北宋早期定窑白釉小葵花瓣式盘刻"会稽"铭文

图15 北宋定窑刻花牡丹纹长颈瓶

厂的生产模式,适于生产品质精良的器物,但产量很小。大维德收藏有一件南宋官窑琮式瓶【图16】,是南宋官窑中罕见的精品。

南宋官窑釉色以粉青为主,有深浅不同之分,均具有良好的乳浊性,多次施釉,釉层丰厚,追求璞玉质感。胎土有黑褐、灰褐、灰及红褐色等,以黑褐色为多,所谓"铁足"即指圈足部分露出的黑铁色胎。南宋官窑瓷多有开片,大小不一,亦称"文武片"。开片有疏有密,有深有浅,以冰裂纹等大纹层为主,如同冰糖、云母一般,多角形的开片层层而下。这种工艺将缺陷作为装饰瓷釉的特殊手段,通过调整控制裂纹,形成纹片碎路,纵横交错,将不规则孕育在规则之中,再经过人工染色,强调所谓"金丝铁线"的艺术效果。南宋官窑瓷的造型、品种包罗万象,以陈设用瓷为主,亦有文房、日用及装饰器皿。器型多仿周、汉古制,造型严谨肃穆,古风朴朴,配以"紫口铁足",更显得风韵别致。其中青瓷一系,不重装饰,以釉色取胜,以造型见长,以纹片著称,自成一派庄重、典雅、神秘的自然美。

琮,音从,新石器时代玉质礼器,也称玉琮。器型圆口,短颈,方柱形长身,口、足大小相若,器身装饰四面多凸起横线。其器内圆而外方,以表天圆地方之说。《周礼》记载:"以玉作六器,以礼天地四方。以苍璧礼天,以黄琮礼地,以青圭礼东方,以赤璋礼南方,以白琥礼西方,以玄璜礼北方。"

瓷质琮式瓶沿袭了玉琮基本形制,只是玉器内圆中空,上下通透,而瓷质者加了圈足和底,琮演化为一种瓶,始出现于南宋。南宋官窑、龙泉窑均有此器形,明

图16 大维德藏南宋官窑琮式瓶   图17 南宋官窑琮式瓶

代石湾窑多产此类瓶，清代景德镇也有烧造，但仍以宋代制品为魁，且尤为珍罕，难得一见。

与大维德收藏的相类似的南宋官窑琮式瓶只有3件，日本东京国立博物馆、台北故宫博物院各收藏有一例，另有市场中流通的一件。2006年北京翰海春拍，人民币1650万元成交一件南宋官窑琮式瓶，2008年再次出现在嘉德春拍，被上海藏家以1800万的落槌价竞得【图17】。

明代官窑瓷器同样是大维德收藏中的亮点，他收藏的明代瓷器不下550件，被陶瓷界认为是世界上最好的五个明代陶瓷收藏之一（其余四处是故宫博物院、台北故宫博物院、大英博物馆、土耳其托普卡比宫）。在大维德明代瓷器收藏中，明早期官窑瓷器占很大比重。

当制瓷业发展至明代，优质瓷器已经成为皇室垄断的资源。几乎所有的瓷器均来自景德镇，当地窑厂在朝廷的严密监管下，生产的宫廷用瓷有着严格的质量控制，任何不达标的次品都要被销毁并掩埋。

明代皇室姓朱，"朱"在颜色中为红，明朝尚"火德"，所以极其推崇红色，当时宫中的装饰及服饰皆以红为主，故《明史》中有"今国家承元之后，取法周、汉、唐、宋，服色所尚，于赤为宜"的记载。相较于明代其他时期，釉里红是洪武朝瓷器的代表品种。大维德收藏的一件明洪武釉里红缠枝花卉纹执壶【图18】为明代早期釉里红瓷器的代表性作品。

元代釉里红瓷偏黑灰，日臻成熟是从明初洪武年间开始的。釉里红被明初皇室选为宫廷用瓷,并限制民间使用,使其退出流通领域,成为非商品性质的官窑器,故存世稀少。釉里红以铜为呈色剂,烧制对气氛、温度、铜含量等工艺因素极为敏感,即使现在的景德镇,也流传着"要想穷就烧红"的民谚。洪武釉里红瓷器,自民国时期以来一直受到藏家重视。当时的古玩市场中很少能见到釉里红,偶尔出现必受追捧,且价格远高于青花、粉彩。随着拍卖市场的启动,釉里红瓷器的价位逐年上升。1986年一件明洪武釉里红牡丹莲花纹大盘在香港被日本藏家以1034万港元拍走。1989年,一件明洪武釉里红牡丹菊花大碗以2035万港元成交,这一价位创下了当时釉里红瓷品和明瓷拍卖之最。1997年香港佳士得秋拍,一件明洪武釉里红缠枝牡丹纹玉壶春瓶【图19】以2202万港元的成交价,成为了当时釉里红瓷器的新纪录。

接下来的永乐与宣德两朝是景德镇的黄金时期。永乐、宣德时期的青花瓷,造型古朴典雅,釉色晶莹艳丽,因其代表了中国青花瓷的最高水平而深受历代皇帝的喜爱。在大维德收藏中仅永乐时期的瓷器就有29件,其收藏的永乐青花玉壶春瓶、永乐青花抱月瓶、永乐青花龙纹扁瓶、宣德青花缠枝莲纹盖罐、宣德青花龙纹盘、宣德青花岁寒三友碗、宣德青花团花碗、宣德青花海水白龙纹扁瓶都是永宣青花瓷器中的精品。此外大维德还收藏有一批永乐宣德时期其他种类的陶瓷精品,如乾隆御题宣德霁红碗、乾隆御题宣德霁蓝碗、宣德雪花蓝釉钵、宣德青花釉里红龙纹高

图18 大维德藏明洪武釉里红缠枝花卉纹执壶　　图19 明洪武釉里红缠枝牡丹纹玉壶春瓶

图20 明永乐青花花卉锦纹如意耳扁壶　　图21 大维德藏明永乐青花花卉锦纹如意耳扁壶

足杯等。

  我们今天所论的官窑一般情况下都以瓷器的底款为准,历史上第一次把官窑生产的年代题写在瓷器上,是在永乐年间。故宫博物院藏有永乐年制的青花缠枝莲纹压手杯,题款就写着"永乐年制",这是官窑有确切纪年的开始。到了宣德时期,这样的题款就十分常见了,题写的位置也比较随意,有写在口沿上的,有写在器底的,也有写在肩部的,各个部位都可以写,表明那时的官窑制度没有后来那么严格。

  由于永乐皇帝推动了大规模航海贸易考察,许多景德镇瓷器成为官方的海外贸易商品。永乐时期的青花瓷造型与装饰风格显示出中东地区的影响,有的纹样设计则富有传统中国水墨画的意趣。2016年香港苏富比琵金顿专场,一件明永乐青花花卉锦纹如意耳扁壶【图20】以1.1亿港元的天价拔得头筹。这种几何纹饰,明显取自中东样式,繁复华丽,罕见于中国御瓷,大维德基金会亦有此类收藏【图21】。这类壶形仿自伊斯兰风格金属器,制作极难,中国瓷匠习惯横向分段,逐段拉坯塑形,再组合成器,并按需要调整。本器壶身椭圆,壶颈幼细,与壶足同为圆柱状,制作本已艰难,而壶身纹饰繁复——六角星形构图,以同心圆格局层层递进,必须精密计算安排,反复思量所有角度,线条从圆心出发,更须平直准绳。如此纹饰,即便是由伊斯兰工匠制作,也要依靠笔、尺绘于纸上,再进行腾挪描抄。中华艺匠取此纹饰,却不用直尺,仅以毛笔直接绘于圆拱器腹,尽显景德镇御窑艺匠惊人造诣。不过永乐时期这类

图22 台北故宫博物院藏明宣德宝石红僧帽壶　　　　图23 清雍正《十二美人图》之一

仿中东风格的瓷器多属御窑出品，为中国宫廷而制，并非供外销。

　　直到宣德时期，青花瓷才开始专为宫廷特别设计制作，此时的器形相对较小，装饰纹样也变得简练细腻。另一方面，景德镇御窑厂在这一时期进行了很多史无前例的创作试验，瓷器上再次出现单一的色彩，却比两宋及之前丰富得多，俗称"单色釉"。青、红、黄、黑、绿、蓝、白……单色釉瓷器虽然颜色单一，但在某种程度上却是对"美到极致是自然"这一境界的经典诠释。

　　在大维德展厅的正中，专设一个展柜用来陈列永乐、宣德时期的颜色釉瓷器，且多为这一时期官窑烧造的精品。明代王世懋著《窥天外乘》，对明永乐、宣德年间瓷器做过这样的评价："永乐、宣德间内府烧造，迄今为贵。其时以棕眼、甜白为常，以苏麻离青为饰，以鲜红为宝。"

　　高温铜红釉器始烧自明初，臻善于永宣鲜红、宝石红。永宣年间景德镇窑烧制的宝石红器皿，生坯挂釉，一次烧成。釉色明亮通红，闪闪泛光，犹如红宝石一般。这种色釉发色极艰，即便巧匠也难成，窑出多有瑕疵，色正佳器者寥寥，景德镇御器厂明代遗址出土大量废品残片。宣德以后，几乎尽弃铜红。

　　清宫内府典藏有丰富的永宣佳作，乾隆皇帝有着常人无法比拟的优势，因而更能够领略永宣瓷器之风采，感悟更在古人之上。台北故宫博物院收藏有一件明宣德宝石红僧帽壶【图22】，器无款，底刻乾隆乙未仲春御题诗："宣德年中制，大和斋里藏。抚摩钦手泽，吟咏识心伤。润透朱砂釉，盛宜沆瀣浆。如云僧帽式，真幻定谁常。"

除刻有乾隆御题诗外，僧帽壶器座上亦刻有"雍邸清玩"款识，有了两个御赐的"双保险"，俘获两代君王垂青，足见清宫皇室对宣德宝石红的赏爱。在清宫旧藏雍正《十二美人图》【图23】中，一位仕女坐于斑竹椅上垂目沉思。身侧环绕着陈设各种器物的多宝格。多宝格上摆放的各种瓷器，均为康熙至雍正时期最盛行的陈设器物，具有典型的皇家富贵气派。其中就有一件宝石红僧帽壶，与青铜器、汝、官窑等器一并陈列，其珍贵程度可想而知。

《明史》记载，非皇家则"不许用朱红及抹金、描金、雕琢龙凤文"，红釉瓷器地位尊贵可见一斑。大维德就有一件明永乐宝石红釉碗【图24】。2011年香港苏富比玫茵堂专场，一件明永乐宝石红釉高足杯【图25】以789万港元拍出，碗虽不及高足杯品级高且罕见，但市场价值依然可作参考。

相较于红釉，黄釉更珍贵。它是皇家控制最严格的一种釉色。"黄"与"皇"同音，因而黄色也成为皇家至尊之色。明黄色在明清时期被认为是最尊贵的颜色，只有皇家才能使用，民窑不许生产。即使是在皇族内部使用，也有着相当严格的等级规定。《国朝宫史》卷十七载："清代，皇太后、皇后用里外黄釉器，皇贵妃用黄釉白里器。"这段文献清楚地表明内外全黄的瓷器，是仅供皇帝、皇太后、皇后三人专用的最高级别的器物，也专供皇家祭祀之用。

明永宣器是大维德爵士收藏中的强项，藏品中最令人兴奋的新发现就是两件永乐黄釉盘【图26】。其中一只为底部未上釉的黄釉折沿盘，带有描金纹饰的痕迹，类似的装饰方法偶尔在罕见的永乐白釉器物上出现过。另一件是可能年代稍晚于前者的黄釉撇口盘，在盘底部薄薄一层透明釉下面可以看到烧成红色的胎体，这是永乐器物的明显特征之一。这两件瓷器品质杰出，釉面如丝绸般细润光滑，釉色鲜明，是大维德爵士整个收藏中等级最高的黄釉器物。除此之外，大维德还收藏有明弘治时期的黄釉青花器一对，其中一件黄地青花栀子花盘【图27】于2017年在苏富

图24 大维德藏明永乐宝石红釉碗　　　　　图25 明永乐宝石红釉高足杯

比以1024万元成交。纯正的低温黄釉始于明洪武，永乐时期的作品亦很罕见。及至弘治时期，黄釉器胎白质细，器物颜色通体一致，均匀光润，釉色淡雅娇嫩，光润如鸡油，称为"娇黄""鸡油黄"，又因以浇釉法施釉，故有"浇黄"之称。弘治黄釉器在历朝黄釉瓷器中有极高的声誉，为明清黄釉的典范。

明代成化瓷器普遍形制玲珑秀巧，风格清雅宁静，具有无以伦比的质感。其绘画和设计风格令人感到亲切，远非生硬的机械式完美可比，清代皇帝曾多次使用成化器物作为样本进行仿烧，尤其是乾隆帝更是对成化青花情有独钟。

宫碗是成化时期青花器物之鼎冠，传世品题材多样，有绘秋葵、癞瓜等瓜果；也有绘栀子花、缠枝莲等花卉。多数宫碗内壁全白，仅在外壁用青花勾勒。也有里外都有装饰纹样的。我个人认为，成化宫碗里艺术价值最高的是绘栀子花的品种，因为它能体现成化瓷器的品位，大维德的收藏中就有一只这样的成化宫碗。

香港苏富比于2013年拍卖一只成化青花缠枝秋葵纹宫碗，成交价为1.41亿元港元。大维德的收藏中也有一件相似的作品【图28】。拍卖会上的这件碗曾由肯里夫勋爵在1947年1月2日以475英镑从当时伦敦蒙特街上著名的古董商商行买入，曾在1971年英国古董商Bluett的展销会上以25000英镑售出，十年后在1981年香港苏富比拍卖会上又以407万港元再度成交，这件天价拍品曾于1981年、1993年、2003年出现在香港苏富比拍卖会上，基本每隔十年，方得一见，但前十年翻1倍，后十年居然翻了15倍。2013年的这场成交，成功拉动当时明代青花瓷的行情，使其价格上了一个新的台阶。

1.4亿的天价后，这类成化宫碗成为海内外收藏家们梦寐以求的绝世珍品。2016

图26 大维德藏明永乐黄釉盘

图27 明弘治黄地青花绘栀子花盘

图28 大维德藏明成化青花缠枝秋葵纹宫碗　　　　　　　　图29 明成化青花瓜瓞绵绵纹宫碗

香港苏富比春拍中，罗杰·琵金顿专场一件明成化青花瓜瓞绵绵纹宫碗【图29】即便品相有失，也拍出6400万元高价。

这样的天价成化宫碗，大维德一个人就有七只【图30】。有绘缠枝百合花的，锦葵的，莲花的，栀子花的，以及瓜藤纹的，几乎件件不同。要知道，这类成化宫碗所绘的纹饰，总共也不过十几种。

2014年，一件明成化斗彩鸡缸杯拍出了2.81亿港元，刷新中国瓷器拍卖世界纪录。此类成化鸡缸杯市场流通不过三四只，大维德收藏中亦有一只【图31】。

成化早中期，御窑厂制瓷沿袭宣德风格，多雄浑大器。至末年，却多出小巧静谧之品，始见如鸡缸杯一类独辟蹊径、艺臻技绝之品。学界多将这种突变的诱因，指向万千宠爱之万贵妃。万贵妃十分喜爱瓷器，也正是因为万贵妃对瓷器的钟爱，促使成化帝对瓷器的制造十分重视，有传成化皇帝为博取万贵妃欢心，曾在景德镇烧制大量精美小巧的瓷器，其中就有斗彩鸡缸杯，用来作为成化皇帝与万贵妃爱情的见证。

《神宗实录》中有记载："神宗时尚食，御前有成化彩鸡缸杯一双，值钱十万。"这句话表明成化过后仅仅一百年的明神宗万历皇帝时期，成化的这种杯子就价值10万钱一对了。（近年也有学者指出，该文献的具体指称有待商榷。）万历帝对成化鸡缸杯的珍慕不已，珍同拱璧，使得当时及至后世鸡缸杯身价愈涨愈高。康熙年间，成窑鸡缸杯的价值更是超越宋瓷。在曹雪芹的《红楼梦》中，刘姥姥无意用成窑茶杯喝过茶，妙玉嫌秽，不愿再用，宝玉遂主张送予这位贫妇人，好让她变卖度日。被称为"最土豪的收藏家"乾隆帝也曾咏赞鸡缸杯称：若得一成化斗彩杯，就如同获取一笔令人羡慕的财富。能值得坐拥天下的皇帝羡慕，那该是多大一笔财富呀！

鸡缸杯为什么这么贵？凡是贵的文物，背后所包含的文化信息一定特别多。根据俄国博物馆学家杜克里斯基的观点，信息量才是衡量藏品价值最重要的特征。以鸡缸杯及葡萄纹高足杯为代表的斗彩创烧于明宣德年间，成熟于成化时期，先用青花勾勒出图案轮廓，上透明釉，然后进窑第一次烧造，出窑冷却以后在青花的轮廓间再填上彩釉，然后进窑二次乃至三次烧造，环节繁复，其间废品无数。简单来说斗彩几乎是在当时烧瓷工艺中最繁复和高超的。加之成化瓷器精益求精，质优量寡，真品一器难求。明成化斗彩是历代皇室御用玩赏品，其造型精巧圆润，画意高洁朴雅，彩饰清丽鲜美，为明代彩瓷之冠。大维德爵士的收藏里8件成化斗彩瓷：斗彩罐、鸡缸杯、夔龙纹杯、葡萄蕉叶纹高足杯等，都是成化斗彩中的精品。

过往成化鸡缸杯拍卖，首次见于60年代，70年代又先后两回，80年代三回，90年代仅一例，即为天价鸡缸杯的上一手交易，由玫茵堂主人购得，此后成化鸡缸杯绝迹于拍场，直到2014年。

1931年，与大维德同时期的另一位收藏家伦纳德·高在自己出版的收藏图录中自述道："在我的脑海中，无论何时期的欧洲或东方陶瓷艺术，没有可以与高超的中国窑口烧造出的瓷器相媲美，特别是康熙年间的瓷器，他们几乎构成了我收藏的全部。"

虽然以当时的环境来看，伦纳德·高对于19世纪末20世纪初流行的康熙瓷器的关注有些过时，但不得不承认，这应该是当时西方大多中国瓷器收藏家的常态心理，毕竟不是谁都像大维德一般，占尽天时地利，能做时尚的"弄潮儿"。

图30 大维德藏明成化青花宫碗

图31 大维德藏明成化斗彩鸡缸杯

在大维德来中国之前,他的收藏中几乎没有清代瓷器。来中国后,正是通过与故宫藏品的接触,才培养了他对清代瓷器的收藏兴趣。对大维德这样的藏家而言,虽专注于收藏皇家收藏品位的御用瓷器,但清瓷只要是"御用"的或有"中国趣味",他就可以接受——"但凡不该排斥的均不排斥",就是这个样子。

大维德收藏的清代瓷器品种非常窄,只局限于一些他在故宫见到过的工艺水平和艺术价值极高的彩瓷,其中最具代表性的就是珐琅彩瓷器。

康熙年间,西方耶稣会的传教士们为清宫带来了艺术技巧、诀窍以及原材料,并向宫中引进了一种新的珐琅料,被宫廷工匠们运用到铜器、瓷器和料器上,这类瓷器被称为珐琅彩瓷。

珐琅彩烧成以后一直秘藏宫中,除了因皇帝赏赐给重要大臣和使节,或在清末动荡中流散到民间、海外的极少数之外,绝大多数的珐琅彩瓷都一直保存在养心殿和乾清宫端凝殿小库。后来又被国民党挟去了台湾,所以在收藏界很少能够见到真的珐琅彩。再加上以前公开出版的资料少,因此它在民间收藏中传说颇多,许久以来形成不少错误的观点,以讹传讹,更为其笼罩上了一层神秘的面纱,也使得以前很长一段时间里大家对珐琅彩的认识非常有限。

一个很著名的对珐琅彩的错误认识就是——珐琅彩中的上品,俗称"古月轩"。在清末民国的时候人们甚至认为古月轩瓷就是珐琅彩,我个人认为这就是个以讹传讹的错误观念。珐琅彩瓷常见有"寿古"钤印,也许是清末民国的古董商和鉴赏家,受当时知识条件所限,将"寿古"两个字当成了"古月"。由于"古月"二字加起来是一个胡字,因此产生了"姓胡的匠人制作珐琅彩""古月轩"瓷等各种说法和类似这样的以讹传讹。

还有一说认为,从康熙皇帝开始,清代帝王在紫禁城内的帝王寝居处附近设立了清宫造办处,以方便随时近距离视察、赞赏或批评艺术品的制作。由于有噪音及污染问题,瓷器无法在宫内直接烧造,遂精选景德镇烧制好的白瓷运到宫中,再由造办处的宫廷匠师描绘加彩装饰后,在低温小窑炉中烧制而成,清帝尤为珍视的珐琅彩瓷过去常被认为是采取这种方式烧造。

其实，当时的珐琅器不一定只由宫内负责制造，比如像江南织造的曹家，就是曹雪芹的祖父那个曹家，可能也承揽了这样的事。康熙五十九年（1720），皇帝就曾警告曹頫说："近来你家差事甚多，如珐琅磁器之类。先还有旨意，件数到京之后送至御前览完才烧，今不知骗了多少磁器云云，后来事发，恐尔当不起。"有研究《红楼梦》的人说，这段对话可以证明康熙对曹家非常宠幸，包括像珐琅器这样的东西都和他们家有一定的关系。

大维德曾提到1929年在故宫时，他看到过清宫的珐琅彩收藏，甚至还曾试图在故宫里寻找制作珐琅彩的作坊。在与故宫亲密接触的同时，大维德也广泛地与北京、上海等地古玩商、收藏家及相关人士结交，从他们那里购买了大量与清宫收藏类似的藏品。同时，大维德也与其他一些在中国和海外有实力的外国古玩商和收藏家如日本的丸山、根津，法国的迈克·卡尔文，美国的弗雷斯特等有着密切的联系。大维德收藏中的很多精品也出自他们的收藏，如久居中国的英国人希普斯里，是英国皇家海关服务部专员，早在1887年，他收藏的300多件中国瓷器就在美国华盛顿史密森学院展出，大维德收藏中的雍正款珐琅彩梅花题诗碗和乾隆款珐琅彩开光西洋风景杯、山水人物杯等一批珍贵的珐琅彩藏品就来自他的收藏。大维德收藏了31件珐琅彩瓷器和料器，其中有2件山水、4件人物，题材涵盖各个方面，是除中国外数量最多、质量最好的珐琅彩收藏。

2012年纽约佳士得一个专场拍卖中，几件珐琅彩瓷上拍，出自美国藏家旧藏。这位美国藏家的几件乾隆珐琅彩，之前购于弗雷斯特处，和大维德的珐琅彩瓷出处相同，故有不少相近之处，可做类比。

瓷器中有一类细颈小口、丰肩敛腹的独特瓷器，被形象地命名为"摇铃尊"。其形制或源自编钟，原来为日常或祭祀用乐器。清代摇铃尊造型取形摇铃，更可能仿自纸槌瓶。纸槌瓶的造型始于宋代，定窑器就有少数纸槌瓶，伦敦大维德爵士就珍藏有一件北宋定窑纸槌瓶。2012年出现在佳士得的两只清雍正/乾隆珐琅彩题诗摇铃尊【图32】，器形、题材相若，纹饰有别。

如果你有幸近距离欣赏过此物，那么在你的目光接触到器表的瞬间，定有一幅笔触细腻、设色高雅的山水人物图手卷在你眼中、掌间缓缓铺陈展开：

尧山是桂林的最高山脉，那些高耸入云的群峦，居高可俯瞰四周风景，举目可

图32 清雍正／乾隆珐琅彩题诗摇铃尊

欣赏四季景色灿烂多彩。尧山春天杜鹃遍野，姹紫嫣红；夏天竹叶婆娑，翠绿延绵。秋天枫树开遍，漫山红海；冬天白雪纷飞，晶莹奇绝。山间苍松挺拔，修竹映掩，花朵攀藤而上，摇曳生姿。老者策杖站于松下，观看山下五峰山，五峰被云雾缠绕，露出山峰，仿如人间仙境；童子手中抱着书静候于一旁。

另一尊的图案同样引人入胜，描绘高士持杖问于童子，童子遥指远方回应。画面呼应唐诗："松下问童子，言师采药去。只在此山中，云深不知处。"

两幅图画使人联想起御窑厂督陶官唐英的作品，这绘工细腻之风格正是他最为人所称的。

在这些斑斓娇艳的极品珐琅彩瓷中，独有一品如梅花犯寒而开，孤芳自立，别具风情，最为隽秀雅致那便是清宫档案中所记载的水墨珐琅。

在雍正六年（1728）怡亲王上表的珐琅颜色清单上，已经包含黑色及酱色，表示珐琅工匠已经有能力制造水墨珐琅。但是水墨珐琅第一次出现在清档中则是在雍正九年（1731）。造办处上呈的五十件珐琅彩瓷器中，包含了一对水墨珐琅墨竹碗。

雍正皇帝非常喜爱这些赭墨彩的器皿，因为它们与水墨画卷极为相似，他组织手下顶尖的画师与书家，来为创造一件艺术品服务。因为他极其严格的要求，才产生了瓷器史上前所未见的精美书画。

水墨一词本来专指以浓淡不一的墨色在纸或绢上作画，只因白瓷画上赭色珐琅，特具诗情画意，故在此假借形容。珐琅彩中的上品，以结合诗、书、画三绝而为人称道，而水墨珐琅最能展现三绝合一的境界。大维德的收藏中，有一对雍正墨彩瓷碗，特意只选用了单色墨黑珐琅料来精心绘制，再附上题诗与印章，是雍正时期的瓷画杰作。【图33】

雍正珐琅彩属凤毛麟角，极少在拍卖场上出现，2015年佳士得一件清雍正珐琅彩赭墨梅竹图碗是近30年间，市场中公开拍卖的唯一一只，珍稀矜贵可想而知，收获近7000万元高价。

佳士得所拍这件墨彩碗，其上以精湛的笔法工笔写出一棵梅树，其枝干虬错矫健，蜿蜒而生，时而乍然转折，却总与碗形相得益彰。花蕊及花苞以细笔淡墨勾勒，突显其高洁清雅。其下有几丛矮竹，枝叶以双钩细笔白描，密而不乱，次序井然，充分表现画家功力。碗的另一面以行书题两句五言诗句"月幌见踪影，墨池闻暗香"，笔法温雅端秀，句首以金红料钤一印"凤采"，句尾押二印"寿古""香清"。

水墨珐琅彩碗之素雅的美，也如梅花一般，并不引人夺目，而需要经过时间沉淀，心定气闲时才能充分体会。虽然大获雍正皇帝的赞赏，但平淡素雅的风格与乾隆皇帝崇尚华丽的个性不符，于是乾隆时期的制作数量骤减，存世的例子寥寥无几。相比之下，乾隆皇帝更加喜欢一类繁复华丽、穷工极奢的珐琅彩瓷，比如大维德收藏的一件乾隆款珐琅彩杏林春燕图碗。【图34】

碗上绘有杏花盛开，春风吹绿柳，双燕比翼飞。侧面有乾隆御笔行楷题诗："玉剪穿花过，霓裳带月归。"碗底有蓝楷书款"乾隆年制"。此碗与2006年在香港佳士得拍卖的乾隆珐琅彩杏林春燕图碗【图35】可能为一对。该碗当时以1.51亿港元成交，创当时世界珐琅彩瓷器拍卖纪录。

图33 大维德藏清雍正珐琅彩赭墨梅竹图碗一对

图34 大维德藏清乾隆珐琅彩杏林春燕图碗　　　　　　图35 清乾隆珐琅彩杏林春燕图碗

此碗曾为美国私人珍藏，1985年出现在拍卖会上，被张宗宪以110万港元的价格收归己有。张宗宪是近40年来最具影响力的中国艺术品收藏家及古董商之一。这只珐琅彩杏林春燕图碗是唯一在市场上流通的一件。

锁在张宗宪柜中20多年的这只碗，一经露面便成为众多买家的追逐对象。拍卖的场景我还依稀记得：喊到5000万港元时候，还有十余个买家举牌；喊到6000万港元时，也还有8个人竞拍，但是此时，多数人心里都已经清楚，这个碗不是自己能够得到的了。直至叫价1亿港元，买家剩下两个：张永珍和电话竞拍的台湾地区买家。现场安静极了，每个人都想看见结果，都屏住呼吸，当时是以500万的价格区间递增。当1.5亿港币的成交价格出现的时候，还是没有声音，大家连鼓掌都忘记了。而买走这只碗的正是张宗宪的妹妹——张永珍博士。

除瓷器外，大维德也一样收藏了一些带皇家品位的其他种类的藏品。大维德的绘画收藏中有唐韩幹《照夜白图》、五代周文矩《宫中图》（第三段）、元钱选《梨花图》等一些在中国美术史上具有重要意义的作品，以及从盐业银行购得的元、明、清三代宫廷漆器作品。明永乐帝朱棣对雕漆尤其爱好，曾在皇都设立果园场，并征调名匠高手建造御用雕漆器，果园场御用雕漆器在明末已被视为至宝。现存世的永乐款剔红盏托，全球仅存3件，其中一件在故宫博物院，一件在美国一私人收藏家手中，但只有大维德收藏的这件上有乾隆御题诗。乾隆1781年为这只盏托所做的御题诗大意为：永乐的盏托还在，可是上面的碗却丢失了，后来给它找了个嘉靖时的碗，倒也十分般配，固然丢失了一半，侥幸的是还能再次让它完全。可是固然此刻完全了，没准哪天又会失散……侥幸的是，乾隆担忧再次失散的这只嘉靖款碗也在大维德收藏中，大维德从盐业银行与永乐盏托一并购得。遗憾的是大维德除陶瓷外的这些收藏，在他逝世后，都经由拍卖行等各种渠道流散到世界各地。

从1935年开始，大维德仅仅认真收藏了15年而已，就成为这一领域的传奇。大维德所形成的以铭文类和皇家品位为主的收藏核心，形成中国文物史诗级的收藏体系，而这一切不只是单纯的效仿明代文人或清代帝王的审美情趣，而是建立在大维德自身的学术知识和品位之上。凭借最初的年轻、品位、财富和时间，斐西瓦尔·大维德爵士在中国和日本居住多年，他利用这个机会成为既精通中国陶瓷艺术经典文献，又熟悉公共和私人陶瓷收藏的人。借助他的研究和经历，大维德在欧洲藏家中独具综合实力，他不断收集藏品，用自己的方式形成任何欧洲或美国藏家无法匹敌的收藏。

1941年珍珠港事件爆发，大维德路经上海时被日本人关押，患上后来导致他全身瘫痪的肌萎缩性脊髓侧索硬化。对自己生命的担忧使得大维德不得不考虑将来收藏的归属问题，他想到了要建立一所博物馆来安置这些藏品。在开普敦，他幸运地结识了同样热衷于中国陶瓷收藏的大维斯法官，两人成为亲密无间的挚友，大维斯法官成为他这一计划的主要策划者和起草者。1946年，经过与大维斯法官的反复商量，大维德决定要在伦敦大学亚非学院建立博物馆，使之成为西方中国艺术研究的中心。他向伦敦大学提出了经过大维斯法官精心策划的捐赠方案：大维德将自己收藏的1400余件瓷器以及有关中国和远东艺术的8000多本中外文图书，包括那批古籍珍品，全数捐赠给伦敦大学亚非学院，而作为附属条件，亚非学院必须将大维德收藏的陶瓷和图书作为一个相对独立的整体安置在一起；收藏品必须全部展出并无偿向公众开放；由于他已经行动不便，必须住在博物馆等等……经过与伦敦大学的艰难磨合，1950年，伦敦大学终于竭尽全力，克服了战后的重重困难满足了大维德的要求，在伦敦布鲁姆斯博瑞（Bloomsbury）的乔顿广场53号为大维德收藏建立了专门博物馆，取名"大维德中国艺术基金会"。大维德中国艺术基金会是海外唯一的收藏一个国家一个门类藏品和资料的博物馆，大维德以此为家，直到1964年去世。

如今落户在大英博物馆的大维德基金会展馆成了中西方瓷器藏家心中的圣地——对于西方的瓷器藏家而言，他将这些紫禁城中的瑰宝漂洋过海带到英国，让那些心向往之却无法成行的人们有机会领略东方艺术的魅力，何其有幸！对于东方藏家而言，他让这些原本在朝代更迭之际前途未卜，可能不知所终的古代艺术品的精华聚合并悉心保存。大维德所倾注的心血，所做的学问，使得中国古代文明的结晶即便在故土的战火纷飞中也从未断绝消亡。当大约100年后，国人得以从对于生存压力中稍作喘息，开始再次回归对传统文明及艺术的关注时，会感谢大维德为中国文物收藏所做的一切。

阿尔弗雷德·鲍尔
Alfred Baur

若你想做一次中国陶瓷文化的环球朝圣之旅,大英博物馆大维德基金会之外,日内瓦的鲍氏东方艺术博物馆也是不可错过的。在日内瓦的汤歇,1949年阿尔弗雷德·鲍尔买下一座距离市博物馆仅数步之遥的小型欧式别墅,并将其改造成博物馆。鲍氏东方艺术博物馆中,有鲍尔毕生所藏9000多件艺术品,是欧洲最大且质量最佳的私人收藏。其中756件中国瓷器,展示了中国从7世纪至19世纪长达1300年跨度的陶瓷艺术精品,如今已经成为世界闻名的系列。

阿尔弗雷德·鲍尔(1865—1951),瑞士收藏家。19世纪的瑞士,社会的动荡促使不少人背井离乡。农产品的不足和反复出现的工业危机,令家庭中的男性,有时甚至是整个家庭前往他处寻求财富,其中很多人前往美洲或亚洲。在这种时代背景下,年轻的鲍尔于1884年来到锡兰皇家殖民地学习进出口贸易,发现了岛上生活的迷人之处。渐渐积累起来的经验为他开启了财富之门。他开始收购种植地,以肥料的制造与买卖致富。1906年,在科伦坡(Colombo)生活了22年的鲍尔将自己在锡兰创立的有机化肥公司交由他人管理,自己则与妻子回到阔别已久的欧洲,定居在瑞士日内瓦。

出于好奇心和无法抗拒的亚洲魅力,鲍尔于20世纪初开始了收藏。起初他感兴趣的是那些装饰在世界博览会各展览馆的"奇珍",比如萨摩黄金珐琅彩瓷、刀饰、木雕、象牙或青铜雕刻、浮世绘、日本根付与漆器、宝石、彩色景泰蓝和中国鼻烟壶。鲍尔偏爱那些能够收纳在橱柜的小物件,通过英国古董商布洛,鲍尔收藏了不少日本的陶瓷、漆器、浮世绘、带饰和剑饰,这些当时比较时髦的种类。不过这种屈从于收藏条件限制的状况仅维持了一段时间。1923年至1924年,鲍尔及其妻子的亚洲之旅,大大改变了他的品位。返国后,鲍尔果断地清除了一些流行物品,仅收藏非凡作品。这种改变,要得益于与富田熊作的相遇。

1923年，这对夫妇从锡兰的科伦坡出发，前往印度、中国、韩国与日本旅行。1924年，在布洛的介绍下，旅行中的鲍尔夫妇在日本认识了富田熊作，这是一个能说流利英语的日本人，布洛希望他能帮助鲍尔夫妇参观和了解日本。富田熊作是日本兵库

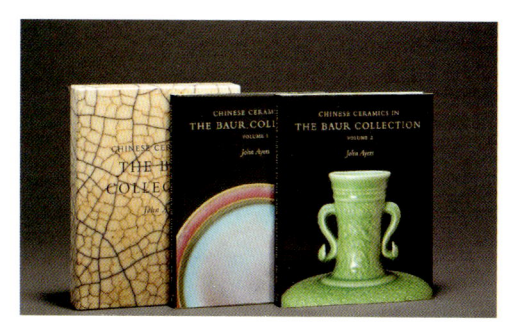

图1 《鲍尔收藏中国陶瓷》图录

县一个米酒批发商的儿子，1897年被雇佣他的一家日本商业公司派到英国，1903年加入日本山中商会，任伦敦支店店长。1922年，50岁的富田熊作辞掉山中商会的工作，作为古董商来往于日本和北京之间。富田熊作对东洋美术的鉴识有着极高的水平，著名的大维德爵士的收藏亦得到此人的支持。

在欧美国家，大藏家与古董商之间拥有一条十分稳定的生态链，双方的定位都十分清晰，古董商必须是一个知识渊博、实战能力强的人，要把握住器物的新老、修补问题，要有广阔的人脉资源以便于收到货。而藏家只需要提供充足的资金，仔细专研自己的审美情趣，提出自己的收藏方向，剩下的都可以交给古董商去完成。当藏家的系列收藏逐步得到完善，到最后不想收藏了，还可以委托拍卖行或古董商为其举办一个专场销售。

鲍尔的收藏方式是让富田熊作寻找可能的收藏目标，并随时将藏品的情况发给他，供其评鉴。

有趣的是，由于鲍尔和大维德的收藏都得益于富田熊作，二人的收藏面貌之间似乎也呈现出一些互通有无的关系。比如鲍尔的收藏中，尤其是唐代以后的部分，和大维德在审美风格上基本接近，都是崇尚宫廷逸致，强调瓷器的艺术性和等级的高贵之间的良好衔接。鲍尔的收藏中亦不乏瓷器中的传世名品，1999年出版的《鲍尔收藏中国陶瓷》【图1】为20世纪

图2 鲍尔藏宋/元钧窑靛青釉红斑纹盘

图3 大维德旧藏明成化斗彩鸡缸杯　　图4 鲍尔旧藏明成化斗彩鸡缸杯

后半叶西方最为重要的中国陶瓷收藏出版物之一。其中一册封面是一件宋/元钧窑靛青釉红斑纹盘【图2】，釉色莹润光亮，口沿作红，边缘闪紫；盘内作青，青中泛红，釉色交融，如晚霞变幻，又如山水氤氲，为传世钧窑盘中引人入胜的"神品"。与大维德爵士一样，鲍尔收藏钧窑器物十分丰富，不乏佳作。另外我们知道，大维德收藏中的另一件名品是大名鼎鼎的明成化鸡缸杯【图3】，由于存世量珍罕，即便是西方知名的收藏家手中也难得一见。这样的鸡缸杯，鲍尔也有一只【图4】，这种巧合，很可能得益于富田熊作。

1928年是鲍尔收藏中重要的一年，他开始对中国的陶瓷艺术感兴趣，此后对中国陶瓷的收藏成为了他最关心的活动。在鲍尔看来，他找到了一位能理解他精细入微要求的鉴赏家。同时，在富田熊作帮助他收藏的过程中，藏品的品种和范围也一定程度上体现了富田熊作的审美风格。

比如鲍尔的重要藏品中，就包括有备受日本收藏家青睐的标有"飞青瓷"（tobiseiji）印章的龙泉器。元代龙泉窑青瓷上流行涂点褐斑的装饰技法，"飞青瓷"名称的由来，应该表示褐斑在青瓷上"放飞（散布）"之意。这类器物在日本备受推崇，其中数件被定为日本"国宝"。在日本的传统中，以爱好茶道之人为中心的茶人们，对于传到日本数量众多的龙泉窑青瓷有着自己独特的分类，比如南宋时代的粉青色青瓷常被称为"砧手"，元明时期青绿色瓷称为"天龙寺手"，明末与清代的青瓷则被称为"七官手"等。这些称呼是当时的日本茶人根据自己的经验，在鉴别中产生的时代、特征的分类，从现在学术专业的角度来看，有些地方可能并不合适，但这是在珍爱陶瓷器的日本所具有的特殊文化背景下产生的名称。

其中，大阪市立东洋陶瓷美术馆收藏的被称为"花生"的元龙泉窑青釉褐斑玉壶春瓶【图5】，作为元代龙泉窑青瓷的传世品，不但具有很高的历史价值，而且其器形和釉色之美，加上绝妙的褐斑布局，都具有极高的艺术造诣。鲍尔的收藏中也有一件类似的"飞青瓷花生"【图6】。

"花生"是日语，指使花继续生长并作装饰的花瓶，也叫"花入"（放入花的容器）。由此可知，国宝"飞青瓷花生"在日本是被用于装饰茶室、武士门第和朝臣书院的花瓶。另一方面，玉壶春瓶这种器物，在当时也可能作为一种酒器。

传世的"飞青瓷"中，鲍尔所收藏的这件元龙泉褐斑青瓷有着极为绝妙的艺术效果。褐斑纹一般都认为是用笔以含氧化铁的着色剂绘制的，除圈足部分，基本上一个褐斑都是以两个为一组的混合形式构成。褐斑的大小、形状以及弯曲度千差万别，产生了一种偶然的妙意。在衬托了青瓷釉色的同时，铁锈花本身也产生出一种极好的装饰效果。

富田熊作对于鲍尔收藏的影响，从这件"飞青瓷"上可见一斑，这类龙泉褐彩瓷，不但在日本备受推崇，近年来国际市场的拍卖行情也是水涨船高。2016年香港佳士得秋拍"养德堂珍藏中国古陶瓷"专场LOT3133元龙泉窑"飞青瓷"褐斑蒜头瓶（一对）拍出1206万港元【图7】。

鲍尔的收藏中，另有一件名品——宋代哥窑贯耳瓶。哥窑出现于南宋中晚期，与著名的"官、汝、定、钧"并称为宋代五大名窑。作为五大名窑中唯一尚未发现窑址的哥窑，其身世显得扑朔迷离。哥窑产品的特点是胎薄如纸，釉厚如玉，釉面布满纹片，紫口铁足，胎色灰黑。将缺陷作为装饰瓷釉的特殊手段，通过工艺的调

图5 日本国宝"飞青瓷花生" 　　图6 鲍尔藏元龙泉窑玉壶春瓶  　　图7 养德堂旧藏元龙泉窑"飞青瓷"褐斑蒜头瓶一对

整控制裂纹，形成纹片碎路，纵横交错，将不规则孕育在规则之中，再经过人工染色，强调所谓"金丝铁线"的艺术效果。

鲍尔所收藏的这件哥窑器【图8】，开片有疏有密，有深有浅，以冰裂纹等大纹层为主，如同冰糖、云母一般，多角形的开片层层而下。不重装饰，以釉色取胜，以造型见长，以纹片著称，自成一派庄重、典雅、神秘的自然美。肩部置双贯耳，造型出自中国宋代金石学著作《宣和博古图》，当时应为宫廷祭祀礼器。在宋代五大名窑中，哥窑器物极为稀少，多数为故宫博物院、台北故宫博物院和大英博物馆等著名博物馆所藏，私人收藏中极少见。这类古风灼灼的哥窑器物在当时也是备受日式审美的青睐，出现在鲍尔的收藏中，很可能与日本人富田熊作的关系不浅。

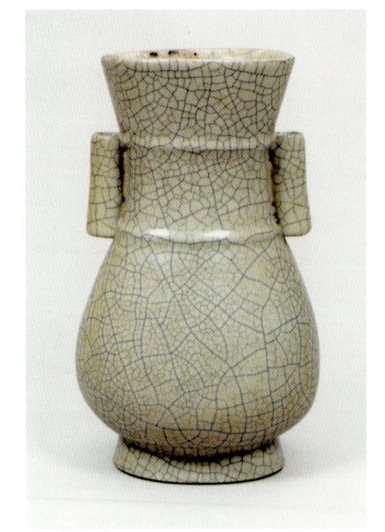

图8 鲍尔藏宋哥窑贯耳瓶

宋瓷之外，日本人对明代彩瓷也有着极大的兴趣，往往会不惜重金求购。尤其是万历五彩，纷乱的格调，浓艳的色彩，尤其是那强烈的红色，完全脱离以端正精致为正统风格的官窑审美，有一种粗犷的效果，深得日本人喜爱，所以日本传世的明代彩瓷数量并不亚于中国。这种偏好也自然通过富田熊作传递给了鲍尔，不过当时的欧洲审美，更喜欢清代瓷器技巧精细的感觉，两相综合，清代的彩瓷正好迎合了鲍尔的需求。

鲍尔更强调藏品的优良工艺以及简洁的风格，所以他非常喜欢中国的单色釉和清朝作品。也因为藏品的精美工艺，鲍尔的收藏至今为世人称道。1930年，鲍尔在山中商会于伦敦办展时，花费1800英镑买下了乾隆古月轩莲花纹花瓶，1934年，又以1250英镑买下了一只豇豆红细口瓶【图9】……保存良好的记录为我们提供了了解鲍尔收藏的线索。

记录中提到的豇豆红细口瓶是烧造于康熙年间的一种红釉器，因铜红属性不稳，故豇豆红釉丽色难求，烧造难度极大。研究表明，豇豆红釉在中国瓷器中的品种和数量是极有限的。这种豇豆红釉深得康熙皇帝喜爱，为当时的御用之物，且多为文房用具，不见大器。传世品种中常见的有太白尊、菊瓣瓶、柳叶尊、莱菔尊、蟠螭瓶、印泥盒、镗锣洗、苹果尊等，且都书康熙六字款。中国鉴定家习惯把这八类豇豆红釉器称作"八大码"。从19世纪晚期开始，西方的中国古陶瓷学者和鉴赏家开始关注精美的豇豆红釉瓷器并予以极高的评价。这股风潮从美国开始，美国藏家们不惜花巨资购买，使得多数精美的豇豆红器都流入了美国，英国等欧洲藏家手中罕见精品。鲍尔的收藏中除豇豆红细口瓶外，亦有多个品种的豇豆红釉器，品质之高绝，在存世品中罕见。

鲍尔收藏中一件豇豆红釉太白尊【图10】，发色匀实鲜亮，迷离迤逦，诚属难得佳品。太白尊又称太白坛，因模仿酒仙李太白的酒坛而得名，实为文房用品中的水盂。此器亦称鸡罩尊，因形似鸡罩得名。2017年4月5日，香港苏富比"韫古双仕：美国私人瑰藏中国艺术品萃珍"专场清康熙豇豆红釉暗团龙纹太白尊（LOT1113）拍出308万元高价【图11】，形制、釉色可与鲍尔所藏豇豆红釉器相较。

同大维德一样，鲍尔收藏中的珐琅彩瓷也值得称赞。一件清雍正珐琅彩松梅图盘【图12】，出自鲍尔收藏，属清宫内府之珍稀异品。盘外壁施苹果绿釉，内底以珐琅彩绘梅竹纹，画风柔美极具雍正官窑独有之文雅。松梅图珐琅彩盘是雍正时期珐琅彩瓷的重要品种之一，绘松竹梅图案，常见盘心有下斜伸松树一株，松叶青翠。近盘沿处绘竹叶几许，其上伴有红梅，整体布局较为舒朗。画面上常配有诗文、书法和印章，形成了诗、书、画、印融为一体的中国画形式的瓷艺装饰。常见的珐琅彩盘，一般为过墙花卉，但这件珐琅彩盘的花枝并没有外壁攀进器内之后再次翻出外壁，故极为罕见。收藏珐琅彩瓷众多的台北故宫博物院中亦有此类清雍正

左：图9 鲍尔藏清康熙豇豆红釉细口瓶

右上：图10 鲍尔藏清康熙豇豆红釉太白尊

右下：图11 清康熙豇豆红釉暗团龙纹太白尊

图12 鲍尔藏清雍正珐琅彩松梅图盘 　　图13 台北故宫藏清雍正珐琅彩松梅图盘 　　图14 清雍正珐琅彩题诗过墙梅竹纹盘

珐琅彩松梅图盘【图13】，与鲍尔所藏不同的是，台北故宫博物院收藏的这件，外壁通施为黄釉，鲍尔的这只则是苹果绿釉，更显得淡雅脱俗。

2002年的香港佳士得秋季拍卖会·中国陶瓷及工艺精品专场中，一件清雍正珐琅彩题诗过墙梅竹纹盘（LOT0611）【图14】以3447万人民币成交。与佳士得的这件相比，鲍尔所藏这件清雍正珐琅彩松梅图盘，无论配色、风格都更加清新雅丽，想必更加符合雍正的审美情趣。

康熙、雍正二帝对于珐琅彩的痴迷，被乾隆皇帝很好地继承下来。他不但对于康雍时期遗留在宫内的珐琅彩瓷视若珍宝，并承前制继续在宫中造办处烧制珐琅彩，其产量较之雍正时期有增无减。珐琅彩艺术发展到乾隆朝便进入了极盛期，器形除雍正朝已有的各种新颖样式外，还出现了罕见的长方盒、双联瓶。彩料透亮，纹饰精细，常常具有西方油画的立体艺术效果。在装饰色彩上追求华美艳丽，精工之至。但常被人认为过于圆熟，不及雍正时期的淡雅宜人。

但鲍尔收藏的这件清乾隆珐琅彩"古月轩"莲鹭纹瓶【图15】，却集雍乾二朝之所长。腹部主题画面为莲荷鹭鸶图，谐音"一路连科"，即祝赶考者步步高升，连中三元。所绘花草在勾、点、缠、卷之间，繁复而富于变化。瓶上所绘盛开或含苞的荷花和新生的嫩枝随风摇曳，迎风飘动的荷茎，托出大大小小的翠盘。塘中水草丛生，浮萍穿插其间，在红花碧叶之中，两只洁白的鹭鸶一飞一立，顾盼生情，辅以飞舞的彩蝶，加上茂密的水草，碧绿的浮萍，使景物既有天然之容姿，又有装饰之美感。精工细致之外，整体亦不失清新淡雅之韵味。属于乾隆早期烧造的，尚秉承雍正风格的高级别珐琅彩器物。

珐琅彩瓷器从创烧到衰落都只局限于宫廷之中，供皇室使用，是"庶民弗得一

阿尔弗雷德·鲍尔 | 79

图15 鲍尔藏清乾隆
珐琅彩"古月轩"莲鹭纹瓶

图16 台北故宫博物院藏清乾隆
瓷胎画珐琅三秋花白地三喜瓶一对

窑"的御用品。如今市场中一件珐琅器，即便品相有残，也往往身价百万，完整器更动辄数千万甚至过亿。据清宫文献记载：康、雍、乾三朝珐琅彩瓷器存世大约400余件，其中的300多件目前藏于台北故宫博物院，40件左右藏于故宫博物院，尚有少量零散收藏在世界各地博物馆和私人手中，但大多为残件。台北故宫博物院收藏有清乾隆瓷胎画珐琅三秋花白地三喜瓶一对【图16】，据《活计档》记载为乾隆六年（1741）八月乾清宫35对瓷胎画珐琅中的一对。与鲍尔所藏莲鹭纹瓶虽题材不同，但画面构图、布局、章法略有相似，可资比较。

在富田熊作的影响和帮助下，鲍尔的收藏也呈现出清代宫廷的审美趣味。雍乾时期，景德镇的瓷器生产取得了空前的繁荣。烧出的瓷器无论是工艺技巧还是装饰艺术都已经达到了炉火纯青、出神入化的地步。

雍正皇帝摹古成性，据《清档》记载：雍正帝曾不止一次拿出清宫所藏古董瓷珍至景德镇以资效仿。鲍尔收藏有一件清雍正黄地青花抱月瓶【图17】，主题纹饰绘喜鹊登梅图，一只喜鹊翘首相望，另一只喜鹊低头俯视，绘画生动，寓意吉祥，于中规中矩的传统官窑之外，流露出一派自然生机和野趣天然，很是难得。

在鲍尔看来，这件黄地青花抱月瓶平滑的胎质、明亮的柠檬黄釉以及饱满的青花，是中国清朝雍正时期非常重要的古典传统作品。

雍正时期的抱月瓶，以永宣青花扁壶为原型，属雍正御窑仿明初官窑的名贵品

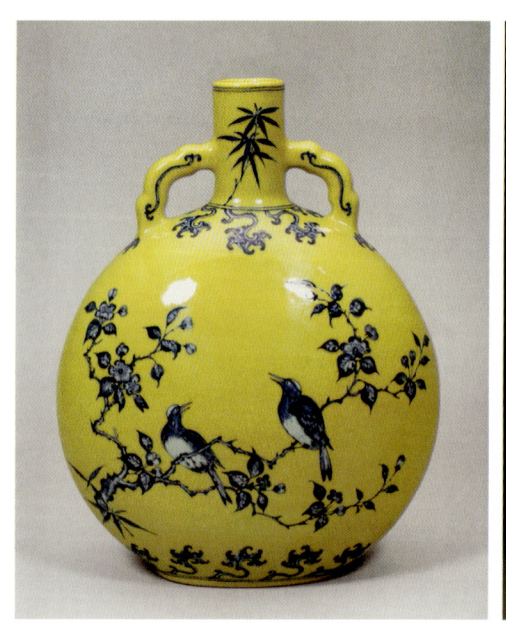

图17 鲍尔藏清雍正黄地青花抱月瓶　　　　图18 清雍正黄地青花缠枝花卉纹双夔龙耳扁壶

种。这类源于西亚金属器，雍正帝在原本敦实粗犷的造型中增加了精细的双夔龙耳，使之更加华丽饱满，摹古而不泥古，彰显出雍正帝对永宣官窑的继承与创新并举之理念。瓶所采用的黄地青花素来为皇家御瓷中的名贵装饰方法，这种装饰手法为明初宣德时期首创，但在当时仅用于盘、碗等圆器中。雍正御窑将此复杂工艺发扬光大，不仅技术更为成熟，而且将其扩大至瓶、尊、罐的琢器之中。正如陈浏在《匋雅》中有言："黄地青花，雍正窑之所重视者，匪独盘然也，大瓶亦有之。"值得注意的是，传世的雍正朝黄地青花器，大部分能在永宣御窑中找到原型，此种清初御窑仿明初御窑的现象再一次证明了黄地青花器的尊贵地位。

黄釉御用瓷器数量本就稀少，能流传至今者更少，故其在拍卖会中受到热烈追捧。2013中国嘉德"观古——瓷器工艺品"专场一件清雍正黄地青花缠枝花卉纹双夔龙耳扁壶（LOT0439）【图18】，成交价为498万元。与鲍尔所藏这件形制相同，纹饰有别。

通过富田熊作，或是这些书于器皿底部的中国汉字，鲍尔可能知道大清，知道雍正、乾隆两位中国帝王，但鲍尔未必知道，也许并没想过，这些艺术品出自谁手？

清雍正、乾隆两朝，流传下大量精美的艺术品。两位帝王虽不亲自参与瓷器的烧造，但对宫内瓷器的用途、形状、纹样等屡屡过问，还本人亲自审定画样，参与器物创作，要求严苛，反复提出修改意见，不到十分满意，便不允许制造。皇帝的谕旨和管理人员奏报活计制作的全过程被造办处的《各作成做活计清档》极为详尽地记录。

当这些御笔朱批抵达景德镇，皇帝对瓷器的期望和要求通过匠人之手得到完美的展示，幻化为器，这其中一个人起了重要的作用。唐英【图19】，在很多国宝级的瓷器中，这个名字屡屡出现。他是景德镇陶瓷文化史上极为重要的人物，是整部陶瓷史上少有的几个面目清晰的人物之一。雍正六年（1728）唐英奉命赴景德镇督陶，在职将近30年，先后为雍正和乾隆两朝皇帝烧制瓷器。

唐英本人能文善画，兼擅书法篆刻且又精通制瓷。到了景德镇后，唐英潜心钻研陶务，并且身体力行，从而积累了丰富的制瓷经验，由他主持烧制的瓷器无不精美，深受两朝皇帝的赏识。鲍尔的收藏中有不少清代御瓷珍品，出自唐英任景德镇督陶官时期。

图19 唐英像

2013年香港苏富比秋拍"古城雅韵：京都珍藏清代御瓷"专场，一件清乾隆豆青釉浮雕瑞蝠双鱼百寿图如意耳瓶（LOT0202）以6990万港元成交，成为清代单色釉的翘楚之作。此"百寿"瓶，由著名督陶官唐英监烧，青釉朗润，形制珍罕，浮雕细腻，满寓庆寿美意，非凡超绝，展现景德镇御窑厂之精卓制瓷技艺。与此相同作品仅见一例，即鲍尔收藏。

鲍尔所藏清乾隆豆青釉"百寿"瓶【图20】，高43.7cm，体量硕大。清代早期单色釉登峰造极，当居魁位，通过本品，可见唐英及手下的陶工对于色釉技艺凝练革新之卓著成就，同时配以曼妙纹样，可谓御窑中的优雅杰作。

身为鉴赏大家的乾隆，藏古、好古，对于皇帝的口味，服侍宫廷数十载的唐英自然深蕴此道。唐英督陶时期，擅将造型与样式相合，以求无穷变化，借以创思出新。"百寿"瓶造型仿汉代祭祖所用青铜礼器壶。瓶颈饰对称如意形耳，映衬出皇帝对于"意必福瑞"之热衷。瓶身环绕凸棱四道，间以寿字纹三周，谓之"百寿"图。"百寿"题材流行于清代，一个"寿"字，写出百种字形，堪称景德镇书匠绝技，构思精妙。

另一方面，乾隆对新奇的瓷器也甚为喜爱。唐英在任期间，景德镇官窑不仅烧出转心瓶、交泰瓶等新颖器形，还创烧出57种颜色釉，其中以胭脂红、秋葵绿最为著名。在《陶成纪事碑记》中，被称之为"西洋红色器皿"，因釉中含万分之一、二的金，又名"金红"。除此之外，还创造性发明了"锦上添花"等瓷器装饰工艺。如今的日内瓦鲍尔艺术馆内，收藏有大清乾隆年制胭脂红地洋彩轧道喜相逢双环腰圆瓶【图21】，集胭脂红和轧道两项创新工艺于一身。

轧道，又叫雕地，旧时宫中称锦上添花，是首创于乾隆时期的装饰工艺。轧道工艺是先在瓷器白胎上用丝绸均匀拍上一层色料，称锦

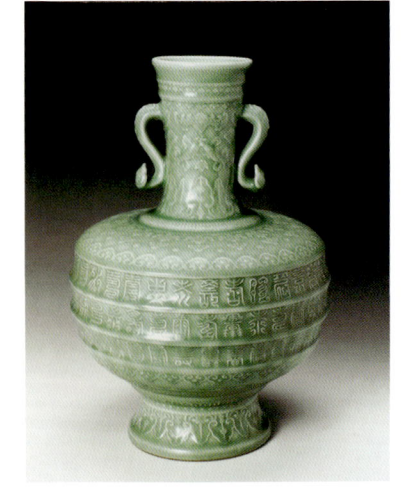

图20 鲍尔藏清乾隆豆青釉"百寿"瓶

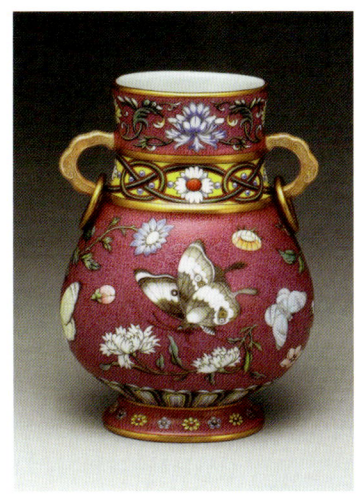

图21 鲍尔藏清乾隆胭脂红地洋彩轧道喜相逢双环腰圆瓶

图22 台北故宫博物院藏清乾隆胭脂红地洋彩轧道喜相逢双环腰圆瓶

地，如红、黄、紫、胭脂红等，再在锦地上用一种状若绣花针的工具，刻划出细小的，诸如凤尾形、卷草状凹纹的肌理，凹纹处可隐约看到白胎。利用这种新工艺制作的乾隆粉彩轧道瓷，则是将粉彩和轧道的工艺有机结合，具有铜胎画珐琅之艺术效果，画面阴阳突出、浓淡分明，立体感强，色泽柔和、淡雅又明亮。鲍尔所收藏的这对圆瓶之上，用针刀剔锥的卷草纹为唐英于乾隆年间经常使用的"锦上添花"技法。

鲍尔收藏的这件圆瓶造型源自商周青铜壶，颈带双耳活环。据清宫《活计档》记载，乾隆六年（1741）十二月及七年（1742）十一月各一对入乾清宫，另一对或为今收藏于台北故宫博物院的藏品【图22】，两对造型相同，色彩略异。

此瓶不仅展现传统中式品味，其花卉纹饰及釉彩亦反映出西方影响。乾隆帝的审美品位造就出此件洋彩瓷器的缤纷色彩。以洋彩搭配锦地的"锦上添花"，则是出自唐英的巧思，如此搭配打造出极致赏心悦目之美感效果。如今，"乾隆监制，唐英出品"的这类珐琅彩"锦上添花"瓷器，被认为是乾隆宫廷艺术的集大成者，常常拍出天价。2004年苏富比秋拍中国瓷器及工艺品专场，清乾隆胭脂红地轧道锦纹粉彩缠枝花卉纹梅瓶（LOT0131）【图23】成交价4440万人民币，创造了当时中国清代瓷器拍卖价格的世界纪录。

鲍尔完成他的收藏大约用了45年，虽然其间经历了欧洲经济萧条以及第二次世界大战，但是鲍尔的收藏并未间断。由于美国1929年股灾的影响，很多竞争者都从

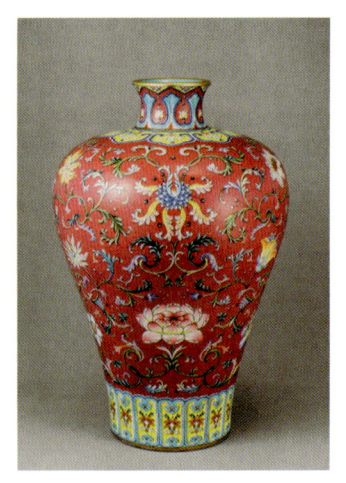

图23 清乾隆胭脂红地轧道锦纹粉彩缠枝花卉纹梅瓶

市场上销声匿迹，直到20世纪50年代末期，艺术品的价格都持续走低。这构成了鲍尔无比难得的收藏黄金期。1936年，在皇家艺术学院倡导下举办的大型中国艺术展上，鲍尔首次公开展示了他的藏品。随后，他在苏黎世博物馆展出了其收藏的部分日本印刷品。

藏家之所以受人尊敬，不仅仅源于其独特而犀利的眼光，更在于其对艺术品单纯的热爱。与所有的收藏家一样，收藏到一定程度后，如何制定出一套完整有效的制度，使藏品有个好归宿，成为收藏家最头疼，也是最为重要的事情。鲍尔夫妇没有子女，他希望能向公众永久展示他的藏品。最初他打算在日内瓦新建的艺术和历史博物馆中展出藏品，但由于诸多原因，未能实现。其实在鲍尔的心中，他更希望能够创造一间如私人住宅一样的博物馆来展出这些藏品，于是他在日内瓦买下一座不错的宅邸，这座建筑就是现在的鲍氏东方艺术馆。与此同时，他将其在日内瓦郊区的房产及环湖的40公顷土地建立了阿尔弗雷德和欧仁妮·鲍尔基金会，并将自己的中日艺术品收藏交给基金会来管理。直到今天，艺术馆所需的全部款项还是来自于这家基金会，这也使得鲍氏东方艺术馆成为日内瓦唯一的，甚至在西方国家中也罕见的，不需要政府财政津贴支持的私人博物馆。

鲍氏东方艺术馆作为专门展出中、日传统艺术的博物馆，于1964年正式对外开放，至今已经过了50多年的历程。自1951年他去世到现在，他所收藏的9000多件藏品基本没有散出，留在了艺术馆中。在拍卖中能见到鲍尔的藏品，不是件容易的事。2009年北京翰海15周年庆典拍卖会"清代宫廷御用"专场，一件清乾隆黄地赭绿彩八吉祥五蝠捧寿图折沿大盘（LOT3311）据传出自鲍尔的旧藏【图24】。

这只瓷盘所饰的黄地绿彩和茄皮紫彩，简称为黄地紫绿彩，是素三彩瓷器中的一个小品种，由明代官窑的黄地绿彩、黄地紫彩发展而来，最早出自康熙官窑。雍正官窑创烧了浅茄皮紫彩单色釉盘，而将深浅不同的茄皮紫彩运用在同一器物上，则是乾隆官窑这个黄地紫绿彩品种的发展。从这一大盘之上，富田熊作日式审美对于鲍尔的影响，他本人对于皇家审美的偏爱，以及对于精湛的清代瓷器的收藏雅好一览无余。大盘是如何流出的？没人能知道其中详尽的过程，我们只能猜测，或许是鲍尔在收入新藏品后替换出来的，也可能是赠予某位友人的。

鲍尔的收藏史对未来的收藏家而言意义深远。首先，收藏家应以机会主义的方式将收藏与兴趣紧密结合起来。鲍尔最初收藏日本艺术品的兴趣就迎合了当时的时尚，但潮流发生变化后，他仍然长期坚持

图24 传鲍尔旧藏清乾隆黄地赭绿彩八吉祥五蝠捧寿图折沿大盘

完善他在该领域的收藏。1928年，鲍尔开始收藏中国瓷器，虽历经经济大萧条和第二次世界大战，但其收藏的热情仍有增无减。他看到这一时期是收藏重要中国瓷器的绝佳机会，直到辞世前数周他还在不断购买新的藏品。只要条件许可，他也会购买其他收藏家的全部藏品。其次，鲍尔非常擅于和专业古董商合作，即便是结识了富田熊作，他仍与以往的供应商合作无间。他自始至终充分信任他的供应商，并衷心感谢他们为其收藏事业所作出的贡献。第三，鲍尔及时为其藏品的未来拟订了计划。如果他不这样做，这些藏品很可能会随着他的逝世而散佚，他一生的成就将无法得到续写。鲍尔得到了一处理想的展馆，成立了一个资金状况良好的捐赠基金会，还挑选了一群可信赖的日内瓦市民作为其托管人。这些都有利于保护其藏品，并使鲍氏东方艺术馆成为日内瓦一流的博物馆之一。与大英博物馆、卢浮宫或大都会艺术博物馆这些世界级博物馆不同，阿尔弗雷德·鲍尔所建立的东方艺术馆显得更加谦和、中庸，流连其间，你能体会到古代艺术精品所呈现出的别样平和宁静之景象。

横河民辅

日本在明治维新之后，涌现出了一批因兴办实业而成功的企业家，出于对中国传统文化的喜爱，他们收藏了大批中国文物。其后他们或将其毕生收藏捐给国家博物馆，或自设博物馆，由此形成了中国文物在日本的基本源流。

横河民辅（1864—1945）是20世纪著名的以收藏中国陶瓷为主的东洋古陶瓷收藏家。身为建筑家、工学博士的横河民辅，1915年于东京创立的日本横河电机株式会社（Yokogawa）前身机构，是全球著名的测量、工业自动化控制和信息系统的领导者，一直致力于为用户提供最尖端的专业技术服务。作为日本近代知名的建筑家，横河民辅所设计的代表性建筑三井银行、帝国剧场和三越百货等，至今仍是经典之作，而他创立的横河电机至今仍是全球工业控制领域的佼佼者。但横河民辅的成功远不止于此。

著名的东京国立博物馆创立于1872年，是日本最早的博物馆，也是日本收藏中国文物最丰富的博物馆。自1932年至1943年间，横河民辅曾先后七次为该馆捐赠自己所搜集的东洋古陶瓷。横河民辅的收藏可以说，在质量与方向性上，形成了该馆中国陶瓷收藏的精髓与骨干。20世纪初期，横河民辅开始了中国陶瓷的收藏活动。当时，一条铁路的修建和一座古城的发现，聚拢了全世界收藏家的目光。

清政府于1903年开始修建汴洛铁路工程，使得大批古墓中的随葬品唐三彩、釉陶等出土。一部分出土器物经由北京、上海的古董市场流向欧美，尤摩弗帕勒斯从这一事件中收获颇丰；而其余的另一些，则抵达日本。

自古以来，日本人就把中国文化当作根本、源泉，在反复的汲取、学习过程中，建立起自己的文化体系。特别是唐代的遣唐使，宋代开始的禅宗佛教东传等等，都对日本政治、文化、法律、经济、生活产生过巨大影响。从文字、书法、绘画乃至吃、穿、住、行等等几乎所有的领域，在日本我们都能看到中国文化的影子。因此日本人对于中国的唐宋王朝有特别的情怀，对于这一时期的古物也甚是痴迷。突然流入市场的这些造型雄健的唐物，彰显出最为繁盛的大唐气象，令日本藏家趋之若鹜。

横河民辅收藏的三彩双龙耳瓶【图1】为海内外公私馆藏中唐三彩的代表作。瓶体三面贴饰有模印宝相花花纹，宏大的圆形浮雕图案通常令人想起金银器的装饰效果。长卵形的瓶身、盘口的颈部，以及附于其左右的龙耳，构成此瓶舒展且强有力的身姿。一般认为龙耳瓶是源于西方容器的形状，为了配合唐人对异域风情的嗜好，在当时以白瓷及三彩大量制作，盛行一时。

可以看到，这件双龙耳瓶的施釉极为精彩华丽，采用形成于唐代的三彩施釉技法。龙首部分及龙背的凸起部位等，可见有意识地分开施釉，但瓶身部分则是将鲜艳的绿色与褐色的釉彩交错同施，釉液流串交融，与白色斑纹形成鲜明对比。这类双龙耳瓶在唐代大量烧造，但横河民辅所藏，比其他双龙耳瓶更胜一筹，因为它使用了非常精美的贴花装饰工艺。贴花技法始见于北齐年间，之后盛行于陶器装饰之上，是当时中亚风格对中国工艺带来的强烈影响。唐代初年的一些精品陶瓷品中，贴花这种装饰技法也很常见。河南巩义市黄冶巩县窑址是著名唐三彩窑口之一，出土了大量三彩陶器，虽然也有做贴饰者，但在精美程度上，却鲜有能与横河民辅所藏之双龙尊瓶比肩者。这件汇异国之风，集盛唐之气的三彩器，可谓独一无二，被评选为日本的"重要文化财"。

日语中的"文化财"即文化遗产，是指建筑和工艺美术品，如绘画、雕刻、工艺品等有形文化中，具有较高艺术和学术价值的部分。物质文化遗产按重要程度分为国宝、重要文物、登记文物三类。其中"重要文化财"是物质文化遗产中特别重要的部分。

同样流行于唐朝时期，并受到外来文化影响的器形还有凤首壶【图2】。南北朝至唐代，中国与西亚各国文化交流频繁，波斯的一种"胡瓶"传到我国。在唐代的青瓷、白瓷及三彩釉陶中都出现过这类"胡瓶"，这些造型精

图1 横河民辅藏唐三彩双龙耳瓶

左：图2 故宫博物院藏唐青釉凤首龙柄壶

右：图3 横河民辅藏唐白釉凤首壶

美的器物兼有使用价值，它们的造型与装饰风格都有明显的波斯萨珊文化痕迹，装饰纹样繁复，大量采用塑贴、模印、刻花、划花等装饰，因有凤首装饰，被我国陶瓷研究者习惯称为"凤首壶"。

不过横河民辅捐赠东京国立博物馆的这唐代白釉凤首壶【图3】，则以素雅高贵而闻名于世。唐代白瓷极其珍贵，由于年代久远，存世之作已凤毛麟角，而这件凤首壶则是唐白瓷中的代表作，也是日本的"重要文化财"。凤首壶的整体设计具有唐早期特征，整体颇似一只挺立的凤鸟，盖为高冠、大眼、尖嘴的凤头，与壶口恰相吻合，神态栩栩如生；从口沿至底部连接壶柄，昂首敛翼的白色凤鸟，显得遗世而独立，似乎更能捕捉到唐人华丽润妍外表下的精神世界。盛唐以后壶盖消失，凤首与颈相连成壶口，多以三彩装饰，华丽大气。

唐物之外，宋瓷对于日本的收藏家而言，更是收藏的最高境界。其历史渊源与中日之间的茶道文化交流有关。唐代开始，中国人的饮茶习惯传入日本；到宋代，特别是南宋时期，两国海上贸易繁盛，宋朝的瓷器大量运到日本。宋代文人审美趣味对日本影响甚大，龙泉窑、吉州木叶盏、建窑油滴盏、天目盏等简约秀美的瓷器也成为当时日本京都皇室贵族与茶道、花道人士争相追求的珍品。这样看来，横河民辅的收藏生涯似乎是生不逢时的，因为欧美收藏家们很早便关注到宋代瓷器，并将其中一些可流通的传世宋瓷精品网罗殆尽。横河民辅若想收藏到宋瓷中的名品、精品，虽不是完全没有可能，但定会付出更多的财力和心血。

当时的横河民辅也许想不到，一座深埋地下800余年的古城正在向全世界的收藏家发出"召唤"。

1918年，河北省邢台市巨鹿县遭遇罕见的旱灾，当地人在挖井自救的过程中，却意外地在黄土中挖出大量古代陶器，发现了一个已淹没长达810年的宋代城邑——巨鹿古城。深埋地下的数万件陶瓷和珍稀文物，源源不断地曝露在世人面前，大量的宋代瓷器和文物被发掘出来，其数量之大，器物之精美，令人瞠目结舌，瞬间被各国古董商和收藏家抢购一空。今天去到世界各国著名的博物馆中，基本都会看到巨鹿出土的瓷器。其中，日本人抢购的精品为世界各国之最，达上万件。其中出土的磁州窑精品至少三分之二收藏在日本各公立、私立博物馆内。

磁州窑是著名的民间陶瓷窑系，已有1000多年的烧造史，是北方陶瓷的代表。磁州窑以生产白釉黑彩瓷器著称，这种瓷器在日本被称为"白地黑搔落"。北宋年间，磁州窑多生产日常生活用具，题材又都为民间所喜闻乐见的，所以在当时影响范围广，发展迅速。包括当时的河南鹤壁集窑、修武当阳峪窑、禹县扒村窑、山西介休窑、登封曲河窑等，也都大量烧造与磁州窑风格相近似的瓷器，形成了一个庞大的磁州窑体系。

日本素有"物哀"的美学传统，这种审美渗透进日本文化的方方面面。日本的歌多是短歌，音乐的旋律单调，舞蹈动作缓慢，绘画作品也鲜少有浓墨重彩的。磁州窑器，古朴而不失雅致的外观，显然正是投其所好的。

如今日本东京国立博物馆所展出的磁州窑作品，上至宋金，下抵元明，得自横河民辅的捐赠达几十件之多。不止如此，中国陶瓷史上各个时期的著名窑口，如魏晋南北朝时期的古越窑，北宋定窑、耀州窑、龙泉窑，金代钧窑，南宋建窑、吉州窑，及至明清时期的景德镇窑，也都在他的搜集范围内，要知道，这些窑口中很大一部分，在当时并没有获得学术界及藏界的足够认识。

图4 横河民辅藏北宋磁州窑白釉剔花水注

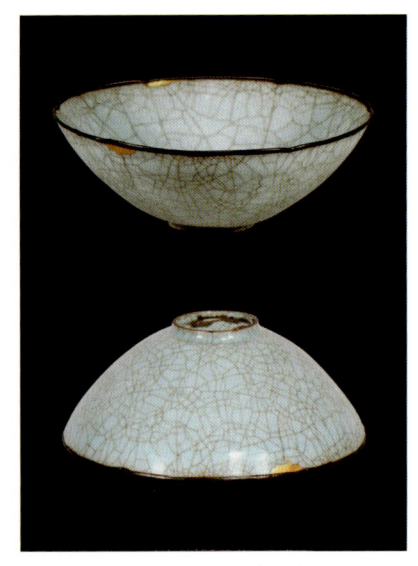

图5 横河民辅旧藏南宋官窑青釉葵口碗

横河民辅收藏有一件北宋白釉刻花唐草纹水注【图4】，被视为东京国立博物馆所藏磁州窑作品中最为精妙的一件。实际上，这件作品并不是纯粹意义上的磁州窑，而来自于河南登封的曲河窑，通常称为"登封窑"。北宋年间登封窑烧制了大量在品种和外观上与磁州窑极为相似的产品，但有一种褐色地剔刻白花的作品，则是该窑独树一帜的，其他窑址从未见过。水注，是古代文人磨墨时用来装水、滴水的文具，注水于砚面供研墨之用。褐地白花的技法则在敷有化妆土的白坯胎上剔刻花纹以外部分，留下白色花、叶，再划出花蕊、叶脉，精美异常。唐草这种蔓生植物，被刻画得栩栩如生，花茎粗壮，花叶饱满，刻工豪迈，热情奔放，大气之中又透着一丝精致。

作为收藏家而言，横河藏品的特色在于有体系的、网络的、学究的收集，他不拘泥于名品主义，而是有自己独特的视野，形成独特的体系，因而为中国陶瓷史研究提供了不可缺的宝贵资料。不过我们也看到，虽不过分强调，但在他的藏品中也不乏世界性的名品。比如这件南宋官窑青釉葵口碗【图5】，现藏于东京国立博物馆，来自横河民辅氏捐赠。

与我们习惯认为的南宋官窑的乳浊粉青色釉不同，横河民辅所收藏的这只碗，釉色呈现为明亮清澈的蓝绿色，楚楚动人。灰黑色的胎土在或大或小的开片裂纹之间闪现，独具深沉之感，又不失神秘之趣。碗的口沿被平均分布6处细小刻纹浅浅分割，使口缘呈现凹凸的轮花形；而又以极具张力的线条刻画出该器挺立伸展之姿，令人印象深刻。本作品算得上是日本传世青瓷中的精品，于昭和九年（1934）在金泽美术俱乐部举办的尾山家拍卖会中呈现于世人面前，之后被横河民辅收入囊中。关于此碗的身世，学术界一般将其定位为南宋时代为宫中烧制御用品的官窑体系中的郊坛下官窑的代表作品之一，但从其造型上的特征来看，也有学者认为可能是出自早于郊坛下官窑的修内司官窑的产品。

清末民初的社会动荡使得大量明清官窑瓷器流入古玩市场，但是当时的日本并不喜欢这类瓷器，收藏界也未表现出相应的兴趣。日本的主流收藏家，对中国瓷器的兴趣在于宋瓷，而不是常见的色彩绚丽的明清官窑作品。清末民初，日本好骨堂古董商中村作次郎巡游北京琉璃厂后曾感叹："中国的旧货店虽然东西很多，不过适合日本的东西却很少。因为中国是个革命多发的国家，旧东西，如明代以前的陶器、宋元左右的好东西，日本反倒有，而其本土中国却甚少。当今北京那边的东西，主要是清朝的东西。"在他看来，清代的东西过于艳俗，是"适合欧洲的东西"。

横河民辅的收藏观与当时日本主流的收藏观点不同，他更希望通过收藏各个时期的作品，通观中国陶瓷发展史，这一点尤其体现在明清官窑瓷器的收藏上。横河民辅的藏品中许多极为精美的明清官窑瓷器，极大地充实了日本国内的中国陶瓷收藏。

若论明代瓷器，斗彩是不可不提的。自成化年间问世以来，备受陶瓷鉴赏家及收藏家青睐。在成化斗彩各种器形中，天字罐为成化首创。这种小型的斗彩盖罐已知最高者不过13厘米，因器底常有青花书写的"天"字而得名。

古代宫廷器物常以《千字文》编号排序。《千字文》开篇为"天地玄黄，宇宙洪荒"。"天"为"宇宙万物"之肇始，历代帝王因此多以"天子"自居，故"天字罐"也有"天子罐"之称，多被认为是成化皇帝本人的御用之物。

明成化斗彩天字罐，目前已知存世完整器仅10件左右，是比成化斗彩鸡缸杯存世量还要稀少的、珍贵的明代顶尖陶瓷名品之一。据说在乾隆九年（1744），景德镇御窑厂接到由养心殿造办处发来的一件缺釉的成化斗彩天字罐，并传旨："着将

图6 横河民辅藏明成化斗彩螭龙纹天字罐 　　图7 大英博物馆藏明成化斗彩螭龙纹天字罐

缺釉天字盖罐一件，着交唐英补釉。如补得，补好送来。如补不得，不必补，仍旧送来。钦此。"而唐英接到这样的谕旨，惴惴然不敢冒然补釉，只仿烧三对呈皇上御览。可见天字罐自古为世人所珍。

横河民辅收藏的成化斗彩天字罐【图6】是绘螭龙纹的，天字罐的肩与腹下各绘一道变体莲瓣纹，染以红彩。罐腹部以瓜果藤蔓为地，青花二螭龙穿游其间。除此之外，天字罐的装饰题材还有夔龙纹、应龙纹、飞象纹、飞马纹、缠枝莲纹、莲托八宝纹等图案。不过现存的同是绘螭龙纹的天字罐整器，除横河民辅的收藏这件外，仅有一件现藏于英国大英博物馆【图7】。不过大英博物馆的这只，釉彩和青花发色都稍显青涩了些，整体的装饰效果就不如横河民辅的这件浓艳炽烈。成化朝至今600余年，各大馆藏中的天字罐能够保存完整者不过半数，因为天字罐的罐体与罐盖是分开的，罐盖又容易打碎遗失，所以很遗憾，我们也无法欣赏横河民辅所藏这件成化名品之全貌。

虽然日本的很多文化源于中国，但在美感上，却有很大的隔阂。即使是日本历代积蓄下的中国文物，也是日本人依其传统美感选择的"一部分"的"中国文物"，日本人喜好的"中国文物"与中国正统文物相差甚远。平淡、平易，这些是我们对日本审美趣味的习惯认识。含蓄的事物，理解起来需要功力；直白的东西，不需要功力，一看就明白，热闹，漂亮。因此文化审美常常不是朝艺术性和小众发展，而是朝更加大众化，通俗直白的路子走。自唐宋发展到晚明，奢靡之风充斥市井，整个社会崇尚奢靡，媚俗化的倾向十分明显。嘉靖、万历时期，中国宫廷就生产出一种艳丽的官窑五彩瓷器。

这种五彩瓷器大多绘画繁密，不大讲究章法或艺术性，施彩以红、绿为主色，追求一种红与绿碰撞的强烈视觉效果，且不重工艺，绘画粗犷豪放。而且中国的制瓷业到了晚明，质量反而下降，精细程度大不如前。这时即便是官窑瓷器，修胎也不很讲究，立器常见有接痕；圆器塌底、圈足内收，瑕疵比比皆是。在国内的藏家看来，明代晚期的作品带有极强的时代性，再现了当时的社会风貌，但从艺术认同角度而言，大多数人还是欣赏不来的，认为是粗陋，甚至俗气的。

嘉万时期的艺术品对工艺要求不高，更看重精神，而这恰好与当时日本的审美不谋而合。于是这种大红大绿，艳俗配色，粗糙修胎手法和稚拙画面效果，在日本人眼中则变为了返璞归真。同时，晚明时期的外销瓷器对日本影响巨大，在江户时代的日本，尤其是当时的上层社会对明末嘉万时期的五彩情有独钟，爱之若狂。在日本这类五彩被称为"大明赤绘"。

日本审美更多要求的是美感，也喜欢强烈的画面效果，至于画什么、生动与否都不那么重要。在日本人看来，精细的、工业化的东西反而不值钱，明末瓷器多有口沿磨蚀现象，中国人视为伤残，日本人对此却不以为缺憾，甚至昵称为"虫哈"。一件明末五彩瓷上略有一点虫哈，绝不影响价格，犹如女神断臂、美女生痣，反更具魅力。所以在200多年后的20世纪初，日本主流藏界表现出对于明清官窑瓷器的不屑一顾时，其中大抵不包括这类明朝末年的五彩瓷器。

明末万历年间的五彩名品中有一类叫"百鹿尊"。今天人们提到百鹿尊，通常想到的多是清代乾隆官窑的粉彩作品，它们确实是画工精湛、一丝不苟，但正因为这样，似乎也显得呆板和程式化。然而明代的百鹿尊，却有着令人惊喜的完全不同的面貌。

横河民辅收藏的明万历五彩百鹿尊【图8】器形敦硕，纹饰繁丽，所绘纹饰自由奔放，肆意挥洒。那些五彩的瑞鹿按序间隔，色调浓艳，对比强烈，它们两两成双或三五成群地聚在一起，相互嬉戏摩挲，好不热闹，显得有趣极了！这种极具动感的神态化的画面语言，正是明代瓷器独有的艺术感染力。

象征长寿福禄的百鹿图就首创于万历年间，瓷面通景式的布局，场景很可能仿自御苑或皇家猎场，故有野鹿等珍禽异兽栖居，历朝多位皇帝常游幸于此。因此可以发现清乾隆百鹿尊，虽在烧造技艺、用料、器形、画风等方面与明代的作品差异颇大，但画面内容、描摹对象、景致也有一脉相承之处。

在拍卖市场中，乾隆时期的粉彩百鹿尊常露面，且不乏天价【图9】。相比之下，万历五彩百鹿尊则罕见得多。最近的一次是在2017年的纽约苏富比春拍"明·国风"专场，一件明万历五彩百鹿尊（LOT0012）【图10】在品相稍有瑕疵的情况下，拍出656万元人民币。

图8 横河民辅藏明万历五彩百鹿尊

图9 清乾隆粉彩百鹿尊

图10 明万历五彩百鹿尊

日本藏界所表现出的明显好恶，使得日本本土如今留存下来的清代精品瓷器并不多。正因为如此，横河民辅凭借宏观且无私的收藏理念，对于清代瓷器资料性的收集，才显得格外弥足珍贵与意义非凡。更何况，他所收藏的清代瓷器丝毫不逊色于欧美藏家，如清雍正珐琅彩松竹梅图盘【图11】，就是曾属于清宫内府之珍稀异品，也在鲍尔的收藏中有所体现。这些原秘藏于紫禁城中的皇室珍宝，是如何流入日本的？

溥仪在《我的前半生》中写过在清朝灭亡以后，溥仪从宫中以赏赐给弟弟溥杰、溥佳等等名义，将大量的宫中历代法书名画一千多件以及各种珍宝，携出宫外。一部分于1925年抵押给了盐业银行。这批抵押品共有数千件，后来在北京拍卖，于是这批珍宝流向民间，进而流向海外，其中主要的去向之一，是被长期设立于北京的日本古董商山中商会买去，卖到了日本。日本山中商会是19世纪后期至20世纪初期中国文物流向日本的最大输送商，它与美国巨商客户建立了良好关系，美国的"石油大王"洛克菲勒三世就曾是它的重要客户，而横河民辅则很可能就是山中商会大阪店当时的座上宾。

创办于1910年的日本山中商会曾经是横跨欧美亚，叱咤风云的古董大鳄，其灵魂人物是日本古玩业巨子山中定次郎。除了大阪总部外，山中商会在当时拥有的分店遍布纽约、芝加哥、巴黎、伦敦……通过这些分店，将无数中国最精华的文物艺术品潮水般运到海外，充实了无数大藏家和博物馆的藏品。

随着海外市场对中国艺术品需求的扩大，山中商会把目光转向了拥有悠久历史、古董文物珍藏最丰富的中国北京，1917年山中商会购入肃亲王家的一处300平米的四合院作为在北京的支店，通过当时北京的琉璃厂、各地古玩商以及落魄的王公贵族，收集流落出宫的皇家珍品。20世纪初的山中商会，是外国人开设于中国境内的最大古董店，应该说从这时起，山中商会才真正迈入其发迹的辉煌时期，其中最为光辉的战绩之一，就是导致中国清末最大的私家收藏地——恭亲王府的收藏悉数流失海外。

"任何古玩商的一生，都不会有这样的机会！"有关这次交易，《山中定次郎传》中这样描述道。

恭王府文物被认为是中国艺术品极品收藏。1912年恭亲王溥伟为了帮助末代皇帝溥仪进行复辟活动筹集军饷，决定将恭亲王府的收藏，除字画外全部出售。得到消息的山中定次郎在友人山中六三郎、冈田友次的陪伴下，走进了恭王府。

山中定次郎在1912年初冬的日记中，这样记述到这次恭亲王府之行："宽敞的庭院内，有着一排排装满宝物的仓库，其中又分为如意库、书画库、青铜器库，大概有几十间。每间屋子里的物品上，都落满了厚厚一层灰。在库里你还能看到无数的翡翠珠宝手饰，多得就像是米店里的大米。"

最终，山中定次郎以34万大洋的价格买下了恭亲王府几代珍藏的青铜器、陶瓷、玉器、翡翠、座钟等。比较当时北京琉璃厂普通古董铺每年只有几万大洋的流水额来说，即便对于财大气粗的山中商会而言，这也的确是一大笔钱。不过据中日两国的学者研究，溥伟售给山中商会的藏品大约在2000件左右，几乎掏空了整座恭亲王府。因此对于山中商会而言，这也许是一次大的赌博，但同时奠定了山中商会成为日后世界上最大中国古董文物交易商的坚实基础。

这批文物被迅速运回日本分类整理，并被分为三批，一批运往美国拍卖，一批运往英国拍卖，一批留在山中商会设在日本和美国的古董店中零售。

次年也就是1913年，山中商会将部分恭王府文物在美国纽约公开拍卖，这场名为"天上艺术至宝"的专题拍卖创造了超

图11 横河民辅藏清雍正珐琅彩松竹梅盘

过27万美金成交额。这一破纪录的天文数字轰动了美国收藏界。1914年，同样在纽约，山中商会又举办了题为"天津中国贵族的个人收藏及山中商会在北京采购的文物"的专题拍卖会，成交额近20万美金。以两次拍卖为契机，山中商会取得了生意上的巨大成功，不久之后就成为名副其实的世界最大的中国艺术品交易商了。

1913年在纽约的英文版拍卖图录，是一本印刷精美的蓝色硬皮书，封面上有烫金"纽约1913年AAA恭亲王竞卖"字样。书中收录文物共计536件，每件均有定名、断代和简短文字说明，大部分还配有照片。经过初步鉴赏和统计，其中瓷器约134件，包括有北宋官窑器、定窑器、钧窑器，南宋龙泉窑产品，明代德化窑产品和清代景德镇窑皇家御用官窑产品等，器类有壶、碗、盘、佛造像、瓶、罐、盒等，釉彩分青花、粉彩、单色釉等多个品种，其中不乏一些具有代表性的作品，如宋钧窑的三足洗、康熙款的柳叶尊等都是当时的皇家御用品，级别很高。

除去被拍卖掉的部分，留在美国和日本店铺中的这些恭王府珍藏要如何分配？从山中商会在两地的销售品类和风格上的差异也显示了日本和美国的收藏家的不同，在日本，以装饰性较强的唐三彩、宋瓷、明清官窑瓷器和天龙山雕塑、家具、宫廷钟表为主；而美国市场则更为宽泛，既有明清装饰性文物，也有作为收藏和研究之用的高古器物。

依横河民辅收藏形成的时代背景来看，汉唐文物、宋代瓷器在日本本土有着深厚的文化根源；另一些明清官窑名品或不是当时日本古美术市场的主流，或藏家本人不是那么喜爱，因而没有被日本藏界给予充分的关注，是在情理之中的。横河民辅作为收藏家的可贵之处在于，他能超越时代眼光的限制，摒弃个人的好恶，从中国陶瓷史的角度思考，进行刻意的收集，并对各个时期的艺术品给予正当的评价，我认为这正是横河民辅收藏的价值所在。

横河民辅对陶瓷情有独钟，他一生捐赠的陶瓷数量达到1000余件，藏品产地来自中国、朝鲜、东南亚、伊朗等国家和地区。这些精彩的陶瓷作品，兼具全面性、系统性和学术性，不仅构成了东京国立博物馆陶瓷收藏的骨架，并且使得东京国立博物馆的中国陶瓷收藏，具备了比肩海外博物馆的实力。

洛克菲勒三世
John D. Rockefeller III

布伦戴奇
Avery Brundage

在西方，艺术品收藏是一种传统，也是一种普及。人们收藏和鉴赏的兴趣是从小开始培养的：逛美术馆、看画展、学习美术史等等的活动是他们日常生活的一部分。因此，当一些西方的富翁选择收藏和投资艺术品时，有相当一部分的人已经具备了非常良好的鉴赏水平。对于这些大收藏家来说，艺术收藏的终极目标是将藏品展出和捐献给美术馆，以此来提升他们自身的社会地位与藏品重要性。世界上许多的重要美术馆，都是建立在一些私人收藏家的收藏捐赠上的。当然，西方政府对于这样的捐赠行为给予的扶持政策，如抵税、抵押贷款等，这大大地促进了西方收藏家的捐赠行为。

但是这些收藏家自身的社会责任意识，将自己的藏品以及拥有的知识介绍给公众的分享意识，才是真正被西方世界视作艺术收藏的成功之处。不论是历史上非常著名的盖迪基金会的创始人保罗·盖迪，还是洛克菲勒基金会的洛克菲勒；又或者是其他大藏家，他们都是带着责任感去做收藏的，他们都是尽可能让更多的人去接触到艺术品并认知它们的价值。他们都是属于终极艺术收藏的佼佼者，而这种行为让他们成为了真正的贵族。

传到第三世，洛克菲勒家族的掌门人是小约翰·戴维森·洛克菲勒（1906—1978）。洛克菲勒三世出生于世界上最富有、最有权势的家庭里，完全继承了父母对亚洲艺术的热爱。他在年轻时加入了美国海军，担任指挥官办公室首席海军少尉，并为一个跨部门专责小组工作，专门规划对日本的战后政策。1945年退役时，凭借他的战时经验，被任命为文化顾问，主要工作为改善美日关系。因此，洛克菲勒三世对日本文化有着非常深刻的认识。他多次访问日本，与出光美术馆创办人出光佐三结为至交，并借由日本前首相吉田茂的女婿、中国和韩国瓷器收藏大家麻生太贺吉等人，逐渐走入收藏领域。

洛克菲勒三世与其他热衷于修造美术馆的美国富豪有所不同。他的收藏观念在于通过精美艺术品来展示和鼓励美国与亚洲之间更深的文化认知与交流。基于这一伟大理想，他在1956年于纽约成立了美国最重要的公众艺术教育机构——亚洲协会（Asia Society）。1963年起，洛克菲勒三世聘请克利夫兰艺术博物馆（Cleveland Museum of Art）馆长李雪曼（Sherman Lee）为艺术顾问，全面搜求东方美术名品。夫妇俩对亚洲艺术的兴趣，和他们对提高当时美国大众对亚洲事务的意识和理解的期许密不可分。

有别于父亲洛克菲勒二世追求瑰丽的清瓷，洛克菲勒三世更喜欢来自中国唐宋以及明代的陶瓷，并以收藏的质量和数量而闻名。但洛克菲勒

图1 洛克菲勒三世藏唐三彩女俑

的收藏并非依循艺术史的发展脉络，而是挑选各个时期、门类的精品来收藏。比如他收藏的这件唐三彩女俑【图1】。

唐三彩中坐俑这种姿态少见。洛克菲勒三世收藏的这件女俑，梳双髻，穿袒胸窄袖衫、朵花长裙，安然垂足端坐在束腰墩形坐具上。从背后看，坐具似为藤竹扎制而成。关于这种墩形坐具，有专家认为此物叫筌蹄，本属藤制品，供人坐之处的圆面小，接地之处的圆面大，两圆面间以纵线条连接，中部微有束腰。"筌蹄"一词来源《庄子·外物篇》："筌者所以在鱼，得鱼而忘筌。"筌作为捕鱼之笼，外形和这种坐具还是很接近的。还有可能它本是一个外来语的对音，因为这种坐具是从东南亚一带传入中国的。筌蹄在南北朝、隋唐时期相当流行，最初是作为佛教用具，垂足坐其上是讲经的姿势，史书就有梁武帝索筌蹄为侯景讲经的记载，克孜尔和炳灵寺等石窟的佛画中也有坐筌蹄的。随着佛教的世俗化，筌蹄到唐代已成为常见的家具，坐这种坐具的唐俑也就不乏其例了。1953年陕西省西安市东郊王家坟村11号墓出土三彩女坐俑，衣裙施彩与此像近似，现收藏于中国国家博物馆。由唐代壁画、陶俑、线刻等资料分析，这类陶俑身份特殊，应是墓室中的女主人，人物衣着、形象也有可能是按真容塑造的。

图2 洛克菲勒旧藏宋定窑白釉印花盘　　　　　　　　　图3 上海博物馆藏宋定窑白釉印花盘

洛克菲勒三世对于宋瓷的收藏亦有独到眼光。应该说现在国内外的博物馆及私人收藏机构对定窑器物的收藏数量很多，品质较好的为数也不少，但是其中白釉印花龙纹盘传世品却甚少。据业内旧闻：1949年前夕，在曲阳涧磁村的法兴寺遗址出土过十件这样的印花龙纹盘，后来因为种种原因几经流失，现在有6件流散于海外，国内故宫博物院收藏有2件，上海博物馆收藏2件（1953年上博通过购藏又获一件，如今馆藏有3件）。如果这个旧闻成立，那么洛克菲勒三世所藏的印花盘【图2】应该就是1949年前夕出土10件中的1件。因为与上博的3件藏品【图3】比较，无论从器型、大小、胎质、釉色、图案、风格、特征等方面都几乎是一模一样，放在一起简直难分伯仲，所以应该是同一批烧制的器物。

洛克菲勒三世所藏这件定窑器采用白釉模制印花的装饰手法。白釉印花是北宋定窑受到当时定州缂丝的影响，在刻、划花的基础上创造的又一种新的工艺，有些题材是从缂丝的精美纹饰演变而来或直接雕模翻印。多为花卉，也有游龙、飞凤、鸳鸯、禽鸟、水波游鱼等等。盘内口沿饰一圈单线弦纹，盘心一龙作为主体装饰，龙身刻有半弧形鱼鳞纹，身体修长盘曲，背上有鳍，龙的四肢肌肉张力明显，龙爪矫健有力，龙首有角，龙嘴露齿，龙发、龙须临风飘动，神韵飘逸，栩栩如生。在龙的四周装饰朵状形的祥云纹，仿佛游龙戏珠于祥云之间。整个画面看似内容较多，但布局合理，给人繁而不乱的感觉。而且纹饰的线条非常清晰，充分反映了模制脱模技艺的成熟。印花模制技术的使用，使得定窑产品的器形、尺寸趋于规范统一，印花的内容更加丰富，图案线条大多细密清晰，画面布局严谨，讲究对称，充分显现白釉印花强烈的装饰效果,是北宋至金定窑最具代表性特征的产品之一。

除了通过李雪曼来购藏中国艺术品,洛克菲勒三世也和当时的一些知名古董商建立了良好的关系。在埃斯卡纳齐的回忆录中提到洛克菲勒夫妇决定购买自己于1976年5月在巴黎私下买到的一只磁州窑梅瓶。互相问候之后,洛克菲勒切入了正题,问道:"我能得到什么折扣?"这让埃斯卡纳齐笑出了声:"在欧洲,洛克菲勒这名字是财富的代名词,所以要求折扣听起来有点不合时宜。"洛克菲勒说:"是的,但是我从这次购买中省下的钱,会帮助我再次从你那儿买东西。"于是,双方愉快地达成了折扣协议。

对于洛克菲勒的收藏而言,知识、敏感度和财富缺一不可。他有两条原则:任何被批准收购的物品必须在美学角度上赏心悦目,同时其品质也要能够媲美已知的同类精品。

1999年,为庆贺中华人民共和国建国50周年,亚洲协会在上海博物馆举行了"亚洲艺术遗珍——亚洲协会洛克菲勒三世伉俪珍藏精选展",展出85件瑰丽无比的亚洲古代艺术珍品,包括两件震撼人心的旷世名品:明宣德青花游龙纹大扁壶【图4】与清雍正粉彩折枝花果纹梅瓶【图5】。

洛克菲勒三世和他的妻子布兰切特成为当时世界上亚洲和美国艺术最主要的收

图4 洛克菲勒藏明宣德青花游龙纹大扁壶　　　　　　图5 洛克菲勒藏清雍正粉彩折枝花果纹梅瓶

藏者。但洛克菲勒三世始终认为自己在做一种艺术品的暂时保管工作，最后，他所有的收藏都会捐给公众。

1978年，洛克菲勒三世赶着出席纽约近代美术馆理事会，途中遭16岁无照驾驶少年开车撞击，不幸车祸丧生。洛克菲勒家族累世囤聚财富，无以计数，富可敌国，财力足以买下战后当时整个东京市。洛克菲勒三世并不像他的美国收藏前辈那样，将目标放在建立美术馆上，而是有意通过典范名品的代表性收藏，实质性地促进文化交流的背景认知。

洛克菲勒三世去世后，他的夫人将两人30年心血集藏的Gem-Like Collections、258件亚洲文物精华名品，包括中国官窑瓷器，印度、东南亚雕塑，日本浮世绘版画，织品等，捐赠给他一手创立的亚洲协会，经由公开展示，让世人窥见亚洲不同国别世界各时代的艺术珍品。他们相信，通过直观接触遥远国家的艺术和文化，会加深公众对这些国家的理解和欣赏。

像洛克菲勒家族、摩根等美国的工商业巨子以及通过各种渠道致富的人，大多生活自律，无不良嗜好，也没有将财产传给后人的习惯，玩收藏便成为许多有钱人的雅好，不少人玩着玩着就成为收藏家。这些收藏者在过世后，处理藏品最通常的方式是捐赠给博物馆，亦有留给子孙的，但这要交大笔遗产税。因此，美国的大大小小博物馆及其馆藏，基本上是由私人捐赠或以私人捐款购买的。

收藏家捐赠藏品目的主要有：一是回报社会；二是可减免税收；三是留芳百世。美国社会经过上百年的私人捐赠热之后，各地涌现了大量博物馆，还出现了几所收藏亚洲艺术品特别丰富的著名博物馆，如纽约大都会艺术博物馆、华盛顿弗利尔—赛克勒美术馆、克利夫兰艺术博物馆、堪萨斯城纳尔逊阿特金斯艺术博物馆（Nelson-Atskins Museum of Art）、旧金山亚洲艺术博物馆等等。

旧金山亚洲艺术博物馆建于1966年，这是一座以收藏亚洲文物，尤其是中国文物为主的博物馆。这里收藏有来自中国、日本、朝鲜、印度尼西亚等亚洲国家和地区的各类艺术珍品15000多件，而作为馆藏重点，收藏在这里的中国瓷器有2000多件，玉器有1200多件，青铜器有800多件。收藏的中国文物，始于新石器时代，迄于清，为世界上收藏中国玉器最丰富的博物馆。总体来说，这是一座以收藏亚洲文物，尤其是中国文物为主的、在全美拥有亚洲艺术藏品最多的博物馆。馆里很多文物都是艾弗里·布伦戴奇捐赠的。

艾弗里·布伦戴奇（1887—1975）是美国历史上唯一一位担任过国际奥委会主席的人，于1952年至1972年任职为国际奥林匹克委员会的第五任主席。布伦戴奇于1887年出生于底特律的一个工薪阶层家庭。在他5岁的时候，他的父亲把全家搬到了芝加哥，随后不久便抛弃了其妻子和孩子出走。布伦戴奇从小由亲属帮着领养大，以后进入了伊利诺伊大学学习工程，并成为了一个田径运动员。1912年，他参加了夏季奥运会五项全能和十项全能的比赛，但没有赢得奖牌。之后1914年至1918年之间三次赢得了田径全国冠军，并创办了自己的建筑公司。他的大量财富即来自这家公司以及他的各项投资，生平从未因为参与体育活动而接受过任何款项。

因为他有国际奥运的经历，所以他的旅游非常广泛，这样也增加了他对世界文化的认知，尤其对亚洲艺术的欣赏。他对亚洲艺术的兴趣源于他在1936年年初对伦敦皇家学院中国艺术展的一次访问。他曾说："我们花了一个星期看这个展览，我从此开始迷恋中国艺术，把钱都用在这上面了。"他在1939年4月对日本做了为期两周的访问，并随后访问了上海和香港，并从此开始积极地收集亚洲艺术品。

在他从伦敦1939年6月国际奥委会会议结束返回美国之后，布伦戴奇便开始系统地计划如何成为一名亚洲艺术的重要收藏家。当时不稳定的时局造成了一个收藏的好时机。第二次世界大战后，在美日本古董商的许多物品被扣押拍卖，布伦戴奇因此有机会购买了当时最好的物品。他舍得花钱，知识渊博并善于讨价还价。他很少被伪仿品迷惑而上当，即使错买了一些仿品也毫不气馁，并认为亚洲艺术的仿品有的也可能有一千年的历史。布伦戴奇雇佣了当时在加州大学任教的法国学者René-Yvon Lefebvre d'Argencé作为他的收藏顾问。经他们收藏的玉器包括从新石器时代到近代的各类藏品，另外还有数以百计的中国、日本、韩国的青铜器和各类书画。在一篇1960年登载在《纽约客》的有关布伦戴奇的文章中，作者罗伯特曾说，布伦戴奇在作为国际奥委会主席四处旅行的途中，总能找到时间去拜访各地的古董商，并指出布伦戴奇的收藏估价当时约为1500万美元。

到了50年代后期，布伦戴奇越来越关心如何长期处置他的收藏品。他在芝加哥和加州的家里集聚了大量收藏的物品，以至于珍贵的文物被保存在床底下的鞋盒里。1959年和1969年，布伦戴奇两次向旧金山市捐赠他的大量藏品，成为了1966年成立的旧金山亚洲艺术博物馆建馆之初的基础。1975年布伦戴奇去世时，在其遗嘱中把所有剩下的藏品留给了旧金山亚洲艺术博物馆。如今，馆内的17000多件展品中

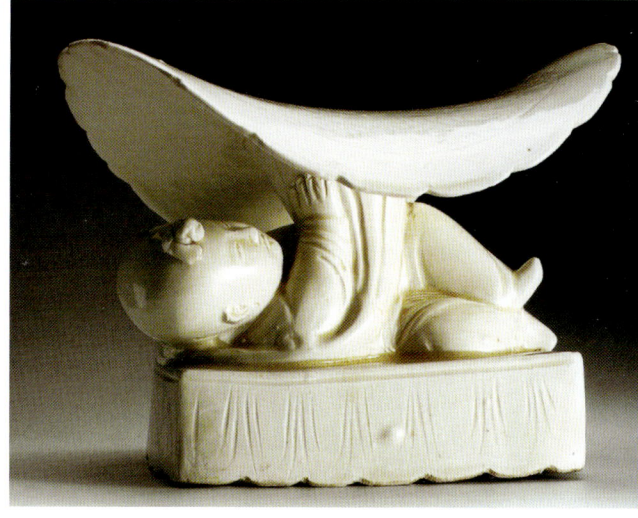

图6 故宫博物院藏北宋定窑孩儿枕　　　　　　　　　　　　图7 布伦戴奇旧藏北宋定窑白瓷孩儿枕

有7700件来自于布伦戴奇的收藏。

前些年，《国家人文历史》（原《文史参考》杂志）独家邀请9位考古、文博方面的专家，在国宝中做取舍之间的思量、权衡，盘点出中国文物中的九大"镇国之宝"。何物能"镇国"，见仁见智，但现藏于故宫博物院的定窑孩儿枕【图6】是唯一入选的陶瓷制品。布伦戴奇的收藏中也有一件类似的北宋定窑孩儿枕【图7】，和故宫博物院所藏不同的是，他的这件是加了枕面的。

古人为什么要用这么硬的枕头睡觉？我们常常听到这样的疑问。古人对于家居用品的陈设，大抵与我们今人是不太相似的。刚开始，瓷枕是作为陪葬用的明器，到后来，古人发现"瓷枕最能明目益精，至老可读细书"。也就是说枕上瓷枕，不仅对眼睛有好处，还能使人格外精神，即便是老的时候，还能看得清书上的细小字迹。与我们讲究的舒适不同，即便是寝具，古人也要求是能够对其德行学识有所裨益。而且它又清凉沁肤，爽身怡神，一解酷暑带来的焦虑。自从隋代出现后，瓷枕就深受人们喜爱。孩儿枕是瓷枕的一种样式，因以孩儿伏卧于榻上状做枕面，故名"孩儿枕"。此枕多做成男孩形状，或许寓意"宜男"。据说，乾隆皇帝就非常钟爱孩儿枕，有一次得到了一件可爱调皮的孩儿枕后，诗兴大发，提了一首诗："瓷枕通灵气，全胜玳与珊。眠云浑不觉，梦蝶更应安。"

说起孩儿枕的由来，不得不说起一个传说。相传北宋时期，有一对夫妇，同为烧窑能手，夫妻两人感情很好，生活十分幸福。唯一美中不足的就是，两人结婚十余年，一直没有孩子。妻子思念孩子心切，梦呓之时，用陶土捏成孩童模样。丈夫见妻子如此，心痛不已，就以此为原型，烧成瓷枕，让妻子枕着睡觉。谁知，妻子不久便怀孕，十月怀胎之后，产下一个和瓷枕一般模样的孩童。由此，孩儿枕能够催孕的消息便不胫而走，迅速传遍大江南北。当然，这只是一个传说，当真不得。不过，这个故事也说明了孩儿枕最重要的一条功用，那便是希望其主人早生贵子，多子多福。

用孩童作为枕头的题材，也是北宋始见。除了故宫博物院所藏这类以孩童背作枕面的，更多的是加了枕面。金代时，仅以孩童题材作枕的似乎不再存在。有枕面的孩儿枕，枕面也要比北宋时候的稍大，枕面直接覆在了头上，有压抑之感。传世宋瓷中，北方青瓷系、景德镇影青瓷、技法繁杂的磁州窑系以及本件所属的定窑系，均可见以婴儿或孩童嬉戏为饰的作品。

美国旧金山亚洲艺术博物馆收藏的这件定窑白瓷孩儿枕，得自布伦戴奇的捐赠。它是以整体雕成一婴孩仰卧在榻上，手擎硕大的灵芝作枕面，枕面刻画精美的花纹，婴孩双腿交叉，姿态安闲，脸庞圆胖，头留两绺孩儿发，天真可爱。此器不但是宋代风俗的见证，也是研究宋代文化和陶瓷艺术的珍贵实物资料。

布伦戴奇所藏一件明洪武釉里红云龙纹双耳瓶【图8】，腹绘云龙纹，昂首举爪，翱翔于云中，形态威武。龙纹代表天子，是在明朝正式确立的，将龙纹描绘在官窑瓷器上也是明朝政国策之一。这条龙，因此伴随着大明王朝的兴衰，而辗转腾挪，潮起潮落。

朱元璋是明朝的第一位皇帝。洪武朝瓷器上的龙却很怪异，龙的脑袋呈圆脸猫眼，龙角发软，无鬣毛，俗称猫脸龙。而到了洪武晚年，龙的形象才逐渐回归"正统"龙的形象。到了永乐、宣德时期，明朝的国力进入鼎盛时期，此时龙的形象呈现出凶猛的感觉，龙身粗壮，四肢强健；趾甲比元代的龙缩短，形如匕首；龙首饱满，张嘴状态的龙上颚翻卷如象鼻，闭嘴状态的龙嘴钝如猪，俗称猪嘴龙；眼侧如比目，龙角如刀切般整齐，极少有分叉；鬣毛丰满呈球状，怒发冲天，排列整齐。而布伦戴奇所藏这件洪武釉里红云龙纹瓶，更接近洪武晚期的精品。可以看到，当时釉里红的发色还不是很成熟。上海博物馆的馆藏中也有这类洪武釉里红云龙纹双耳瓶【图9】，可作比较。

除此之外，旧金山亚洲艺术博物馆内，还收藏有布伦戴奇捐赠的嘉靖五彩鱼藻

左：图8 布伦戴奇旧藏明洪武釉里红云龙纹双耳瓶

右：图9 上海博物馆藏明洪武釉里红云龙纹双耳瓶

纹罐【图10】，与2017年苏富比上拍的一件类似，且保存完整，精妙无比。

布伦戴奇的一生和他的收藏一样，极富传奇。1952年8月，在瑞士洛桑一场豪华晚宴上，布伦戴奇发表了他担任国际奥委会主席的就职典礼："我们生活的世界令人恶心，它在社会、政治和经济等方面已是病魔缠身。其原因只有一个，即缺乏人与人之间的公平竞争和良好的体育精神。我们必须站在奥林匹克理想主义的高度，开展奥林匹克运动。因为，如果我们允许它堕落到更肮脏的水平，它将必死无疑。"新任奥委会主席布伦戴奇的讲话，获得了满堂喝彩。然而，就职典礼晚宴仅仅过去5天后，布伦戴奇的情妇便生下了他们的私生子。在此前一年，也上演过相同的剧情。实际上，布伦戴奇的一生漫长而非同寻常。他有两个私生子，这只是其令人惊诧生活中的一段插曲。

1975年5月8日，布伦戴奇因心脏衰竭去世，遗体被空运至芝加哥下葬。布伦戴奇在遗嘱中，分别遗赠情妇们每人每月6000美元，却给了芝加哥艺术博物馆10万美元，并将价值150万美元的艺术收藏，留给了旧金山市。

伟大的博物馆往往发轫于丰富的私藏和无私的藏家。1966年在旧金山亚洲艺术博物馆开馆的时候，布伦戴奇先生的开幕辞就讲到，博物馆其实是一个文化的桥

图10 美国旧金山亚洲艺术博物馆藏
明嘉靖五彩鱼藻纹罐

梁，希望沟通美国和亚洲地区民众之间文化上彼此的欣赏和认同，以促进世界和平。布伦戴奇的收藏，以不同的形式展示出各个时段不同的文物，让人知道中国的生动的故事，进而深入了解中华文化的历史渊源。布伦戴奇的一生，评价总是如此矛盾：一方面，他的私生活常常曝出丑闻；另一方面布伦戴奇利用才智和计谋，在一处梦想之地，开拓了自己的业余爱好，成为一名真正的行家里手，并最终使旧金山亚洲艺术博物馆受益。从收藏家的角度看，布伦戴奇用高尚的情怀铸就了今天耀眼的亚洲艺术博物馆，构建起丰富的收藏。18000多件跨越6000年亚洲历史的珍贵文物，为探索和理解东方的过去与未来提供了最佳视窗。

安宅英一

对于中国陶瓷艺术的收藏家而言，20世纪是最坏的年代，也是最好的年代。当时信息的不发达，导致的认知困难，是今天的藏家无法想象的；而20世纪又是中国艺术品大量外流的时代，市面上能见到的顶级陶瓷数量，也是今天无法想象的。所以在那样一个时代，诞生了一些顶级的藏家，他们拥有远高于同时代人的认知水准，又有足够多的艺术精品等待他们发掘。而他们所达到的高度，也是今天人们很难企及的。邻邦日本，收藏家很多深藏不露，安宅英一便是其中一位。他是日本国内以收藏中国陶瓷艺术著称的最重要的私人藏家之一。在亚洲藏家中，安宅英一所收藏的陶瓷重器，在数量和等级上，是少数可与斐西瓦尔·大维德之收藏比肩的。但安宅英一这个名字，却远远不如他的藏品那般知名。

20世纪中期的安宅产业株式会社是当时日本十大综合商社之一。综合商社是日本最古老的企业组织，商社成员们从事着日本最重要的进出口贸易，内容几乎无所不包。以钢铁产业起家的安宅产业在当时资金雄厚，他的第二代领袖安宅英一，是一位极具艺术天分的收藏家。在他的指导下，安宅产业从战后的50年代就开始收集艺术品，至1976年时已收集了1000件左右，藏品包括中国、朝鲜以及东南亚陶瓷。

其实安宅的藏品并不是安宅英一的个人收藏，而是作为公司实业而收藏的文物。但公司里很多人认为，这只不过是安宅会长的个人爱好而已。那段日子里，安宅英一主要从日本本土或者欧美的古董商手中挑选购买藏品，并且举办展览，我们现在去日本的旧书店淘书时，也偶尔还能买到当时展览的图册。北宋的汝窑水仙盘、南宋官窑、龙泉窑、唐三彩、耀州窑、磁州窑……这些中国陶瓷史上最顶级的作品，都曾是安宅英一的案头之物。他凭借公司雄厚的资金实力，挑选自己满意的瓷器，逐步建立起自己的收藏体系。但是当安宅收藏日益丰富的同时，20世纪70年代的日本被卷入了世界性的经济危机，日本商社纷纷遭遇重创，其中最先倒下的就是安宅产业。

1975年安宅产业因石油问题的决策失误濒临破产，此时选择出售企业收藏起码可以挽救当时的局面。此时安宅英一的选择，是他一生的闪光点——在拯救公司和保全藏品之间，他毅然选择了后者。之后在大阪政府的协调下，由住友集团出资收购安宅企业的全部藏品，并捐赠于大阪市，同时捐赠巨额资金建馆用来收藏、展示这些珍贵藏品。1982年11月，大阪市立东洋陶瓷美术馆正式建成开放，安宅英一的收藏成为该馆的建馆根基。东洋陶瓷美术馆也因此成为世界上最著名的东洋陶瓷宝库之一。

在这次经济危机中，安宅产业株式会社被兼并，而这批藏品并没有随着公司的倒闭而流散。可见在安宅英一的心中，"收藏家"的身份一定是高于"企业家"的。安宅英一所收藏的1000多件藏品中，只有大约150件中国瓷器。

这些中国瓷器，大抵可以用一个"精"字来形容，大阪市立东洋陶瓷美术馆前馆长伊藤郁太郎曾经这样描述他的收藏："安宅先生收藏文物的时候，最重要的是看哪个东西喜欢，看哪个东西很美，从美学角度入手，并不过分考虑经济价值或者文物研究价值。"伊藤郁太郎早年是跟随安宅英一挑选货物的得力助手，我们现在对于安宅英一的了解大都来自于他的描述。

大阪市立东洋陶瓷美术馆从1992年开始收集日本陶瓷，并接受捐赠，这使得该馆藏品不断得到充实，目前约有2700件。1951年日本文化厅将日本境内的14件陶瓷类文物认证为"国宝"，东洋陶瓷美术馆则是唯一一家拥有两件"国宝"的机构。这两件日本国宝，一是南宋建窑油滴天目盏【图1】，一是元龙泉窑"飞青瓷花生"【图

图1 安宅旧藏南宋建窑油滴天目盏

图2 安宅旧藏日本国宝"飞青瓷花生"

2〕，均来自安宅英一的收藏。

古代烧制上好茶盏的窑口很多，唐代有邢窑、越窑，宋代有耀州窑、定窑、饶州窑（今景德镇窑），但唯有建窑将茶盏烧出了极致。

宋代极其讲究茶道，流行玩一种叫做"斗茶"的茶席小游戏。而建窑所烧制的茶盏，则是将胎土、器形、釉色都做到了与宋代斗茶文化最紧密的衔接。

北宋蔡襄《茶录》中写道"茶色白，宜黑盏，建安所造者，绀黑"，黑色适合表现茶汤，与白沫形成反差，便于观察评判。建盏坯厚但不致密，胎中孔隙多，有很好的隔热保温作用，沸水冲点不会烫手。建盏的胎不仅厚，且坚硬，铁胎抗击打。在点茶的过程中，要用茶筅搅拌、击打，换成影青盏或其他的，一不小心就敲碎了。当地特产的铁黑色胎土，颜色与茶汤白沫形成反差，便于斗茶。器形上，用来斗茶的建盏都是束口，口沿下方1厘米左右向内凹，这一点看似简单的小变化，却解决了斗、饮的两个重要功能。一方面向盏内注水时，这条束口能有效防止沸水翻出，有回水功能；另一方面，饮茶时，这道外壁内凹正好和下唇吻合，符合人体工学。古代窑工，往往会用最简单的办法解决最基本的问题。因此在宋代，全国风靡用建盏斗茶、吃茶，连宋徽宗皇帝本人也亲自为建盏背书，总之建盏在宋代是独步天下，畅销大江南北。

宋代建盏传到日本，便成为了近乎神圣的国宝级宝物。在日本室町时代，武士为了一件"唐物"赔上整座城池，乃至身家性命的例子不在少数。据日本古代有关建盏最重要的文献《君台观左右帐记》记载："曜变，是建盏之最，世上罕见之物，值万匹绢。油滴是仅次于曜变的第二重宝，值五千匹绢。兔毫盏，值三千匹绢。"可见建窑油滴盏在16世纪已经是富可敌国的人方能拥有，基本只有大名和将军等金字塔顶端的贵族才有资格使用。

安宅英一所收藏的这件油滴天目盏历来为世所重，是唯一一件被日本列为国宝的油滴盏，无论是造形、釉质还是油滴斑效果，都堪称极品中的极品。此盏于日本镰仓时代（对应中国南宋与元朝）传入日本，曾为日本知名政治家丰臣秀吉的外甥/

养子所有。器形极为周正，无丝毫形变。胎体选料粗砺，器壁厚实，口沿包金边，应为日本工匠所另配。盏的釉色呈浓重黑灰色，釉汁浓厚，有明显垂坠感。黑釉色泽深沉悠远，油滴斑点遍布器物全身，自下而上逐渐变得稀疏，均呈现金属质感，随光线角度变化可产生金色、银色或青色辉光。另附织锦袋子两个，漆器盏托三个，传世文书一份，与建盏作为整体，一同登录国宝名录。

宋代建窑油滴盏，当时的产量就很少，存世的完整器更加罕见，文化价值、收藏价值都毋庸置疑。但是基于一些历史文化上的原因，建盏虽然一直受到日本和中国广大藏家的追捧与热爱，但此前建窑瓷器的最高纪录是在2011年伦敦卖出的，约合1200万元。一般普通的建盏，从几百、几十、几千甚至几万都是有的。这样的价格会让人觉得，宋代的建盏是不过尔尔之作。

因为市场对宋瓷的认知，多止于五大名窑，对建盏则处于摸索阶段。而这种被日本视为国之重器的文物宝藏，又几乎不可能流入市场为宋代建盏正名。正因为缺少在拍场上直观的价格展现，反而使我们不容易体会到它的价值。

2016年9月纽约佳士得秋拍"古韵天成——临宇山人珍藏（二）"专场拍卖会，一件曾被认定为"日本重要美术品"南宋建窑油滴天目茶盏（LOT0707）【图3】惊艳出世。1935年，日本政府将其认定为"重要美术品"，纳入国家保护范围，本来是绝不允许流出日本国外的。后来日本的文物保护法律修改，允许一些文物注销旧有认定。2015年，该盏的"重要美术品"认定注销，才得以在海外流通，出现在纽约佳士得拍场上。如此地位的文物出现在拍场上的可能性，比其他未曾列入国家保护文物行列的拍品要小很多，所以被普遍认为可以算是历年来市场上流通的最好的一只建盏。此盏以估价150万至250万美元上拍，经过激烈争夺以1030万美元落槌，加上佣金共计1170.3万美元，以当日汇率折合约7807万元人民币，刷新了建窑瓷器的世界拍卖纪录。而这件油滴盏据记载也是经过安宅英一收藏，是他从丰臣秀吉的亲信后代处获得的。

因斗茶的需要，宋代很流行黑釉盏。除建窑之外，还有吉州窑。在中国陶瓷文化中，吉州窑是一个非常特殊的窑口。安

图3 南宋建窑油滴天目茶盏

图4 安宅旧藏南宋吉州窑木叶天目盏　　　　　图5 奉文堂旧藏南宋吉州窑黑釉木叶盏

宅英一收藏的吉州窑器物同样精彩。

　　宋代吉州窑的器物中常常充满了禅意，这与它所处的地理环境有很深的关系。吉州窑的所在地赣南地区，在唐宋时期是中国禅宗寺院最密集的地区。在此种特殊环境中，吉州窑的产生与发展直接受到了禅宗的影响。禅师们按照禅宗哲学与美学的要求，指导和规定吉州窑窑场为寺院生产法事所用及僧侣们日用的陶瓷器物。所以，饱含禅意的吉州窑器主要集中于当时生产的茶器、香器与花器三个方面，其中最具艺术魅力的就是安宅英一所收藏的这种吉州窑木叶盏。

　　将树叶贴在茶盏的瓷坯内，再上一层透明釉入窑烧制，过程中树叶烧毁，只留一个清晰轮廓覆于碗内，与釉色融于一个平面之中，盏中木叶大小不一，无一雷同，可见是窑工信手取来，并无任何刻意选择，取其"贝叶"之意境，而不重于形。木叶为桑树的枯叶，桑树也被认为是与禅相通。一片飘零的落叶，置于火与泥土煅成的茶盏之中，对于禅宗来说，远非一般普通喝茶的工具，"禅茶一味"自然是最好的诠释。

　　今天看来，传世及出土所见木叶盏，其碗心木叶多为经脉含糊不清，像安宅英一所藏这件，叶柄和主筋均呈青黄的暖色调，木叶的筋络如此分明，折卧在带有青蓝色调的叶片中，曲卷折叠之姿着实令人羡煞【图4】。故被业内称为"木叶盏之王"也是实至名归。此件南宋吉州窑木叶盏作为"木叶天目"的最高杰作而享誉世界，也被定为"日本重要文化财"。

　　虽同为黑釉瓷，但在宋代，建盏的地位其实是要高于吉州窑的。当时建窑的黑釉盏更得上层阶级的青睐，产品中包含有"供御""进盏"等皇家定制的底款，具有官方色彩。而吉州窑在当时以烧造日常生活用瓷为主，虽行销全国，甚至出口海外，但从质量上而言，吉州窑烧制的大部分产品胎质相对疏松，很容易打碎，能留到现在的特别少。

稀少，精品奇缺，造成了今天吉州窑的高价。可以看到，拍卖市场中完整的木叶盏价格基本都稳定在100多万元。不过因为数量太少，所以也是有价无市。2014年，香港邦瀚斯"古雅致臻——奉文堂藏中国古代陶瓷"专场中，吉州窑个别产品的最终成交价是当时国内行情的10倍不止。可见一些有实力的藏家，对于吉州窑的认识，远比我们想象的深得多。比如当场一件南宋吉州窑黑釉木叶盏（LOT0171）【图5】，虽是名品，却是碎成两半拼合，口沿略缺，有大修。这种品相只能算是残器，但最后成交结果却高达142万港元。之后2016年香港佳士得秋拍"养德堂珍藏中国古陶瓷"专场，出现另一件南宋吉州窑木叶盏（LOT3126），算是中规中矩，口沿有小修，也拍出了222万港元的高价。

而安宅英一留给东洋陶瓷美术馆的另一件宋代名品——北宋汝窑水仙盆【图6】，也使得该馆成为世界上除台北故宫博物院之外，少数拥有汝窑水仙盆的博物馆。2016年12月10日，大阪市立东洋陶瓷美术馆推出馆藏"宋瓷之美"特展，展览前所未有地汇聚5件宋代汝瓷中的名品——青瓷水仙盆，其中4件借展自台北故宫博物院，1件为东洋陶瓷美术馆所藏。目前已确知的传世汝窑青瓷在全世界不足百件，其中有两件现藏于日本。一为东京国立博物馆所藏的青瓷盘，一为大阪市立东洋陶瓷美术馆所藏的青瓷水仙盆。由于是汝窑独有的器形，且极为稀少，因此可说是日本所藏传世汝窑青瓷的代表。

我认为在汝窑瓷中，水仙盆这种用作种植水仙或观赏的器皿，怕是所有器形中最能将汝窑极致之美淋漓尽致呈现出的。盆内底部中央略微隆起的曲线加上内壁的曲面，几乎没有一处是以直线构成的，柔和的曲线和曲面组合呈现出柔软温润的独

图6 安宅旧藏北宋汝窑水仙盆　　　　　　　　图7 台北故宫博物院藏北宋汝窑水仙盆

特造型美。不止它那整体的光泽以及独特的润泽质感，还有釉色及造型表现上，皆可称为汝窑的顶尖作品。乾隆曾命人在当时紫禁城收藏的三件汝窑水仙盆底部，都刻上自己分别为它们写的诗，可见汝窑水仙盆曾是乾隆皇帝的挚爱之物。

目前传世汝窑青瓷水仙盆已知仅有6件，其中4件藏于台北故宫博物院。安宅英一收藏的这件在传世汝窑青瓷水仙盆中，尺寸算是居中，和台北故宫博物院所藏、磨平了四足的最大尺寸的水仙盆相比，安宅英一的这件小了一圈。但其独特之处在于镶有扣边。在传世水仙盆中镶有扣边的作品共有3件，专家推测可能是因为口沿部缺损，而磨平整个口沿并以扣边遮住露出的胎土及缺口。原本似乎是以明胶等黏着剂固定扣边，但是现在已经脱离，可将扣边取下，取下后可看到经过打磨的状态以及微小的缺损。

另外，这件水仙盆的器壁外侧中央处、口沿下方的部分，可见有一铁斑，并有状如陨石坑的凹洞，应是烧造时胎土中的铁成分喷发所致。这些对青瓷来说，照理都是缺陷，或许因其釉色以及烧成结果甚佳才得以传世。所以推测本器可能是在被宫廷退回之后，开放对外贩卖的作品。

东洋陶瓷美术馆收藏的这件北宋汝窑水仙盆，曾二度于伦敦苏富比拍卖，时间分别是1959年3月27日以及1970年2月24日。在1959年，这件水仙盆拍出了2200英镑，在当时是绝对高价。1970年的拍卖会上，英国古董商John Sparks Ltd.以4.6万英镑得标，水仙盆又创当时古陶瓷拍卖的世界纪录。之后又由安宅产业将其买下，纳入收藏。

安宅英一的收藏不仅质精，而且品种多，其藏品几乎涵盖了中国陶瓷史上各个著名窑口，既有充满宫廷趣味的官窑器，也有在传统鉴赏领域被忽视的民窑作品。

宋代耀州窑代表着北方青瓷艺术的最高成就，曾经一度盛烧橄榄绿色的青釉瓷器。纹饰以刻划画纹的技巧最为精熟，刀法犀利。耀州窑器物的表面，大都整体分布着清晰流畅的"半刀泥"，这是当时产品的一大特征，若论宋瓷中刀工最潇洒的作品，非耀州窑莫属。而耀州窑的最精彩的作品，则要数安宅英一收藏的北宋耀州窑青瓷刻花牡丹唐草纹瓶【图8】。它被认为是北宋耀州窑立件中刀工最好的，是世界范围内知名的北宋耀州窑青瓷中的代表作。

这件唐草瓶所采用的雕刻纹饰就是运用一边深一边浅的"半刀泥"。花瓣以刀斜挑，深浅灵动，摇曳生姿；茎叶同样以斜刀一深一浅交错刻画，凹陷部位积釉，

左：图8 安宅旧藏北宋耀州窑青瓷刻花牡丹唐草纹瓶

右：图9 北宋耀州窑青釉刻牡丹花净水瓶

明暗对比鲜明；上下双刀刻双层草叶纹，纹饰风格流转变化一气呵成，深浅、虚实相间，使图案有凸起之感，灵动跳脱，奔放潇洒。刀工轻快酣畅，如行云流水，可谓鬼斧神工。加之在烧制过程中的氧化气氛，使得耀州窑青瓷釉中常呈现橄榄绿色，如清水盈匀，整体显得古朴庄重。

2016年香港苏富比"赏心菁华——琵金顿珍藏重要中国工艺精品"专场，北宋耀州青釉刻牡丹花净水瓶（LOT0005）【图9】以459万元成交。其实北宋耀州窑中，刀法精绝且能做到大而精而全者的立件很少，市场中能够用来对比的可能就是这件耀州窑的净水瓶。但就剔刻工艺而言，这件净水瓶之纹饰表现力相比安宅英一所藏的唐草瓶，还是有些差距的，竟也拍出这么高的价钱，那么唐草瓶究竟价值几何，也大概可推算了。

以上这些，足够我们管中窥豹，感受安宅英一所藏之丰。从被定为"国宝"的南宋建窑油滴盏、元龙泉窑青釉褐彩玉壶春瓶"花生"，到吉州窑木叶盏、宋汝窑名品、耀州窑极品的逐一落袋，可以看出，即便安宅英一的收藏从不过分考虑经济价值或者文物研究价值，只以美为前提，但这些美物的附加价值在百年之间一一显现，且时代跨度长，从东汉的釉陶到明代的青花、彩瓷，安宅英一都将其中最精华的作品收入囊中。

虽然宋代瓷器被日本收藏界认为是中国陶瓷史上的集大成者，但安宅对于青花类瓷器也有着特殊的偏爱，特别是元明时期的青花瓷，在当时也被认为是成熟和华美的。

一代传奇日本古董商坂本五郎与安宅英一之间一直保持着密切且充分信任的良好合作。我们熟悉的坂本是国际拍卖会上的重要常客，他敢于创造常人难以想象的天价，所向披靡，被欧洲古董商们称为"小拿破仑"。

坂本五郎的这个特质，在今天看也许不算什么。因为今天的资讯发达，收藏的圈子壮大，藏家们明白，哪怕再贵的艺术品，也有这么一个市场在支撑着。但在20世纪七八十年代，艺术品市场是截然不同的，当时的收藏界，尤其是这类高端艺术品，收藏圈子是极端封闭和小众的，坂本所表现出的与时代不符的超凡魄力和胆识，使他能够坚持在最后一刻用天价击败对手。安宅英一的存在，对坂本五郎而言应该是一颗定心丸。安宅英一对瓷器精品近乎苛刻追求，不惜斥巨资购买，是坂本敢于创造天价的重要原因之一。

坂本五郎流传甚广的事迹中，有一个竞得著名的元青花鱼藻纹罐的惊险故事。这件大罐如今就收藏在东洋陶瓷美术馆，也是安宅当年的收藏。

在坂本的自传中，详细记录了他拍下这件大罐的经过：一日，出差在外的坂本接到了东京打来的电话，告知他在东京美术俱乐部的拍卖会上，出现了他梦寐以求的那种元青花鱼藻纹罐【图10】。但是有关这件大罐，圈子里有人断新，有人说老，而坂本又无法及时赶到拍卖现场下判断，情况一度变得很棘手。就这样，在没看到实物的情况下，坂本五郎坚持了自己的看法，委托自己尚在实习期的学生以9000万日元的高价拍下了这件大罐。这个价格不但超过了坂本当初的预期，更是高

图10 安宅旧藏元青花鱼藻纹罐　　　　　　　　　　图11 明宣德青花鱼藻纹十棱大碗

于战后日本艺术品市场的最高成交价5000万日元。

在面对一件有争议的器物时，很少有人能下这样的决心，而机会往往转瞬即逝。创下新纪录的元青花大罐很快便成为大新闻传遍日本，各路人士通过各种渠道联系坂本试图求购，当时人在瑞士的安

图12 安宅英一旧藏南宋官窑青釉八方瓶

图13 南宋官窑青釉八方瓶

宅英一得知消息后，立即联络坂本，一定要将该罐保留至他回国，并于隔日一早抵达日本后直奔坂本家亲自求购。第二天一早，摆在安宅英一面前的这件大罐已洗去尘埃，清亮的釉光、浓艳的色彩、生动丰富具流动感的纹饰，一切都如此完美。这真是"从天而降的宝物"！安宅英一随即表示愿意以超过坂本入手金额两倍的价钱购买这只大罐，作为多年合作的重要老客户，坂本选择把这件本打算作为"传家之宝"的大罐惠让于他，安宅英一此行满意而归。之后，这件元青花大罐入藏东洋陶瓷美术馆，也成为一件"重要文化财"。

其实这件元青花大罐的价值远不止于此，罐上所绘鱼藻纹，笔意明快，率真有力，且有种极富韵律的动感，对后世同类题材的画风产生了深远的影响。2017年香港苏富比春季拍卖会"鱼豫幽蓝：明宣德青花鱼藻纹十棱菱口大碗"，一件被誉为"宣德碗之王"的宣德青花鱼藻纹十棱大碗以2.03亿元的成交价，成为青花瓷器拍卖史上"亿元神品"【图11】。其上所绘荷塘鱼藻纹最为人称道，游鱼四尾，畅游水藻池莲之间，悠然自得，投入细赏，彷佛置身其中，可感其安、知其乐。有人认为，这件宣德年间的鱼藻纹大碗的灵感来源，正是得自于安宅英一所藏这件最出色的青花鱼藻纹大罐中。

坂本五郎与安宅英一之间一直维持着非常良性的古董商和藏家的关系，不过也曾闹过一次乌龙。那是一次伦敦的拍卖会，出现了一件南宋官窑的八方瓶【图12】。当坂本五郎刚赶到伦敦拍场没多久，老家的母亲就去世了。自己为了工作，竟然连母亲的最后一面都没有见到，于是他下定决心要将这一场的目标拿下，结果这件器物的

图14 安宅旧藏明永乐青花白釉"内府"铭梅瓶一对

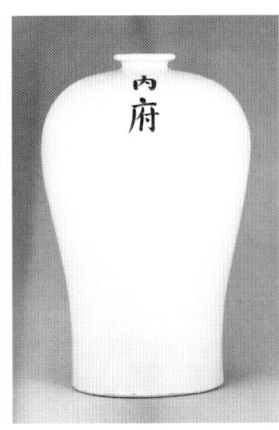

图15 明永乐青花白釉"内府"铭梅瓶

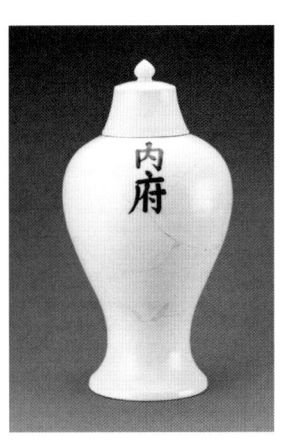

图16 首都博物馆藏明永乐青花白釉"内府"铭梅瓶

价格远超坂本的预算，当他和仇焱之两人从3000万日元竞价到1亿日元的时候，坂本放弃竞价。后来他才知道仇焱之也是受了安宅英一的委托出价。可见，当时敢于驰骋欧洲战场的知名亚洲古董商背后，都多少有安宅英一的加持和护航。

2015年香港苏富比春拍"凝青絮金——日本珍藏官窑八方瓶"专场，与安宅收藏相若的南宋官窑重器青釉八方瓶（LOT0001）【图13】以4800万港元起拍，经过多番竞夺，最终以1亿港元落槌，含佣金1.1388亿港元成交，坐稳当时宋代瓷器交易的第三把交椅。苏富比方面透露，买家是来自中国上海的知名收藏家。

安宅英一的这件南宋官窑瓶乍看不算起眼，算是一个毫不张扬的杰作。它有着灰蓝色单一釉彩的线状纹理，这是在烧制成形后的冷却过程中自然产生的。在北宋后期和南宋时期，程朱理学复兴孔孟之道，谦逊在当时被认为是非常重要的美德，你会发现这个时期的作品完全落尽旧唐万种妖娆，不似唐代艺术那么浮华。宋瓷求古朴而简素，尚优雅而含蓄，不以材贵为珍，但求一品气韵精神。花瓶的八角造型又非常符合建筑美学，借鉴了中国早期青铜器的造型，亦属举世希珍的宋代官窑中不可多得之物。

在过去40年中，这只花瓶属于日本的一个私人收藏所有。在那之前，它在一个伦敦藏家手中，可能是约一个世纪前从中国流失到海外的。

元以后的明初，永宣青花瓷器若论"精"，一种用青花书写"内府"二字的梅瓶虽不如永宣龙纹那样有名，但却当之无愧。今日本大阪市立东洋陶瓷美术馆所藏的两件永乐青花"内府"铭白釉梅瓶【图14】，是目前所知国内外唯一成对保存完整的"内府"铭梅瓶。

内府原意为仓库,署"内府"款的瓷器最早出现在磁州窑器物上。到了明朝初年,内府含义发生了根本变化,成为皇宫内廷之义。"内府"铭白釉梅瓶是明初景德镇御窑厂专门为宫廷内府烧造的器物,属官窑精品,存世极罕。明代早期,梅瓶既可以作为置酒之器,亦可作为案头陈设,直至明中后期才普遍作为花器陈设之用。此对梅瓶造型古朴端庄,青花发色纯正,色料深入胎骨,风格清新自然,保存完整的器盖绘清朗栀子花,与下部白釉梅瓶相配,更显出别具一格的情调。

根据耿宝昌先生《明清瓷器鉴定》中叙述,此对梅瓶应早年出土于北京,约在1930年左右流散到国外,原为安宅产业株式会社所有,后由住友集团出资捐赠于大阪市立东洋陶瓷美术馆,属于日本所藏中国艺术品中世界知名的珍品。

台北故宫博物院藏一只"内府"铭梅瓶,无盖。南京市博物馆亦藏一例"内府"款梅瓶,出于天顺七年(1463)南京怀忠墓。1998年《收藏家》杂志第二期披露了一只永乐"内府"铭梅瓶,口部有损伤,为现今所知唯一未入博物馆收藏之青花"内府"铭梅瓶。近十年之后,这件明永乐青花白釉"内府"铭梅瓶(LOT130)【图15】出现在北京华辰2004年春季拍卖瓷器、玉器、工艺品拍卖图录中,即将被待价而沽。消息不胫而走,引起文博界广泛关注。不过在预展之前,这件梅瓶被国家文物局下令撤拍,便再无后话了。其实首都博物馆也藏有一只带盖的永乐青花

图17 安宅旧藏明永乐青花绶带鸟枇杷大盘　　　　图18 明永乐青花绶带鸟荔枝纹大盘

图19 安宅旧藏北宋/金磁州窑白地黑花鱼藻纹钵 　　　　图20 安宅旧藏南宋吉州窑玳瑁釉剪纸贴双凤纹长颈瓶

"内府"铭梅瓶【图16】，不过是残器修复的，与上述几件制式基本相同，但造形稍异，也可作为参考。

　　对于明代瓷器的收藏，安宅英一所看重的艺术性和美学价值也是他贯穿始终的收藏理念，如果觉得"内府"铭梅瓶在艺术性和美学角度稍显不足，那就来看安宅英一收藏的永乐青花绶带鸟枇杷大盘【图17】吧。这件大盘应是当时将绘画艺术成功地运用于瓷盘之上的最为精彩绝伦的作品。它力求在盘心有限空间内寻求平衡的构图，这种灵感可能源自宋代扇面。一只拖着长翎的绶带鸟，立于硕果累累的枇杷树上，悠然俯身，欲噙果实，活泼生动，栩栩如生。鸟身羽翼丝毛，每个部位都用不同的纹路描绘，精致入微；笔法婉转流畅，青花浓淡相宜。2003年佳士得春季拍卖会"中国宫廷御制艺术精品、陶瓷及工艺精品"专场，明永乐青花绶带鸟荔枝纹大盘（LOT0642）【图18】，内绘一鸟停伫荔枝树间，与安宅英一所藏这件花鸟的绘画风格相近，但品相较差，有严重修补，以980万元成交。

　　虽然，安宅英一的收藏都被捐赠给大阪东洋陶瓷美术馆，远不止目前被展览的这些。和前文中那只拍出近8000万元油滴建盏一样，北宋/金磁州窑白地黑花鱼藻纹钵（LOT0710）【图19】、南宋吉州窑玳瑁釉剪纸贴双凤纹长颈瓶（LOT0709）【图20】……这些在近几年轰动一时的拍品也都是安宅英一旧藏，经由临宇山人专场拍卖会高价析出。

纵观安宅英一的收藏，你一定会被他在收藏中所奉行的"彻底的完美主义"深深震撼，这种追求极致的精神，即日本学者所说的"安宅品位"。安宅品位要求藏品要具有"静谧"和"峻烈"感。因此你会发现，清代的中国陶瓷并不在安宅英一的收藏范围之内。他认为陶瓷器不应该简单地给人以美学价值，更多的应该是具备使人精神高扬奋发的力量。这种精神既是古代工匠创作时精益求精的精神，也是藏家呕心沥血搜罗艺术品的精神。

很难相信一个人能有如此机遇、实力和眼光，把各窑口的极品全部收入囊中。我们常常会觉得，不是人在收藏艺术品，而是不朽的艺术品在收藏人。人在古器物面前，都是过客。一辈子能拥有一件经典艺术品，是一个人的荣幸。而对于拥有无数最顶尖艺术品的藏家来说，这句话或许可以反过来——能成为安宅英一收藏的一部分，是一件艺术品的荣幸。

松冈清次郎　　　　　　**出光佐三**

从"收藏爱好者"之路出发，走进"收藏家"这个驿路，这条路比较漫长，通常要走数十年，甚至要花一生的时间。但企业家型的收藏爱好者及其他经济实力雄厚者除外，他们花数年时间到达"收藏家"这个驿站休整之后，前面有两条路可供选择：一条是走向拍卖会之路，一条是走向博物馆之路。

有意思的是，很多博物馆拥有最专业的、高学历的管理层和专家，却常常有赖于私人收藏的捐赠来扩充自己的藏品。为吸引私人收藏，博物馆之间的竞争有时相当激烈。而私人收藏，就不一定有专业的团队做支撑，但那些杰出的私人收藏常常受到追捧。很多时候，私人藏家会聚焦某一个领域的收藏，藏品中常常会有一些该领域最杰出的艺术品。

20世纪七八十年代的日本经济还在高速增长，不少大企业主、收藏家在世界各地大量购入艺术品，希望建立自己的私人博物馆，松冈清次郎、出光佐三便是其中的代表，他们后来分别创立了松冈美术馆和出光美术馆。

松冈美术馆是日本极富盛名的私人美术馆，对于官窑瓷爱好者来说，其藏品实力与地位不在东京国立博物馆之下。松冈美术馆的建立源于松冈清次郎的收藏品。

松冈清次郎（1894—1989）出生于日本商人家庭，18岁时从东京中央商业学校毕业后，进入矢沼商店工作。后创办自己的"松冈商店"，随着公司不断扩大，1970年又创办了新宿美术学院。随着在经营不动产、冷冻仓库以及旅馆业等实业方面不断取得成功，松冈先生一跃成为日本近代杰出的企业家之一。他一生喜爱收集艺术品，特别对于中国与印度的佛教艺术品多有收集，还收集了不少古埃及、古希腊、西亚和中亚等地的古代艺术品。清次郎在满80岁的时候，决定公开自己的藏品，成立美术馆，与广大的美术爱好者分享。1975年11月，他在东京港区新桥的公司大楼内创建了"松冈美术馆"。之后他继续增加收藏，并计划建立更大规模的美

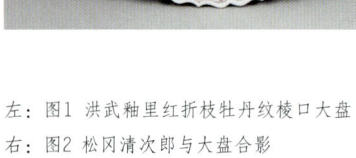

左：图1 洪武釉里红折枝牡丹纹棱口大盘
右：图2 松冈清次郎与大盘合影

术馆。

日本东京港区的白金台区曾多次出现在松冈清次郎的梦中，"后面有自然教育园，天空时常有大而美的鸟儿飞过，有如身处于箱根一般。月亮高挂，红叶的景色也是美不胜收。"他曾这样称赞过这块地方，梦中属于他的美术馆应该建在这里。可惜，清次郎在梦想完成之前便过世了。

2004年4月，清次郎的家人继承他的遗志，在港区白金台建立了新的美术馆。作为私立美术馆，松冈美术馆的藏品有1800多件，完全是松冈清次郎购入的艺术品，其中以中国佛像、陶瓷较有特色，有些作品在艺术史上具有重要地位，已成为学术界的重要参考。

松冈清次郎为近代不可多得的收藏大家，他脸部瘦长，耳大悬垂，按中国人观点，其面部福相十足，也是一个富有活力且行动果断的人。和同时期其他的藏家不同，他主要通过在苏富比、佳士得的拍卖会上集中购买顶级的拍品，形成自己的个人收藏。1972年，松冈先生初涉海外拍卖会，从此对中国陶瓷的收藏不遗余力，他极其享受购买的乐趣，即使是花费高价也在所不惜。1983年6月15日，松冈在纽约苏富比的拍卖会上以44万美元拍下了一件器形和釉色绝佳的超大型唐三彩罐。这件三彩罐在众多拍品中备受瞩目，人人都想知道它的来历，因为它实在是唐三彩中的极品。很快消息传出：陶罐来自中国内地，后经香港来到纽约。这是公开市场上首次出现直接来自中国的重器。

1986年11月香港苏富比赵从衍专场拍卖会上，松冈先生再次以1034万港元收藏当时令人瞩目的洪武釉里红折枝牡丹纹棱口大盘【图1】，轰动一时。拍卖前，当委托人征求他投标所能承受的极限价格时，他简洁坚定地回答："拍到为止！"事后，该情节在日本古董杂志《小蕾》中刊登报道，至今在日本古董界广为流传。【图2】

松冈美术馆最著名的收藏之一，是一大批罕见的元青花瓷器。参考该馆图录发现，其所藏元青花至少在8件之上，经常在一次展览中同时展出7件元青花，日本国内难有比肩。

元代典型成熟的青花瓷器，当时是最具代表性的外销贸易商品，因此多数精品都散布于海外，再加上元代国祚短，元青花烧制的数量本就不多，更增添了"物以稀为贵"的庋藏因素。当松冈先生致力于元青花收藏时，国内陶瓷专家对这些元青花还无丝毫认识，更谈不上承认其存在与收藏。20世纪80年代末，港台地区古董圈有实力的买家也已经崛起，但以他们惯常的明清官窑的品鉴角度去审视元器，觉得元代瓷器不够漂亮，忽视了元青花在中国陶瓷发展史上关键时期的重要地位，以致于失去了收藏这类重器的机会。

从20世纪80年代到今天，拍卖市场中每每出现这种罕见的元青花顶级瓷器，多被欧、美、日等地藏家追捧，屡屡刷新当下瓷器市场交易纪录。松冈清次郎1988年从香港苏富比以473万港元的价钱拍得的一件元青花孔雀牡丹纹扁壶【图3】，现收藏于松冈美术馆。

元代扁壶这种器形除出口西亚等地的国家，满足宫廷奢侈的需要外，也为元代这个马背民族的贵族和将领们所用，他们在螭龙系孔里穿上牛皮绳带后，背于身上或挂于马鞍上，代替皮囊酒壶。青花料绘制孔雀牡丹纹，山石牡丹丛中上雄下雌一对孔雀翩翩起舞，映现出元朝繁花似锦、吉庆祥和的时代景象；"如意云肩"中绘有三朵寓意佛花的折枝"蘑卜花"，好似吉星缀空，更让此物禅意横生。松

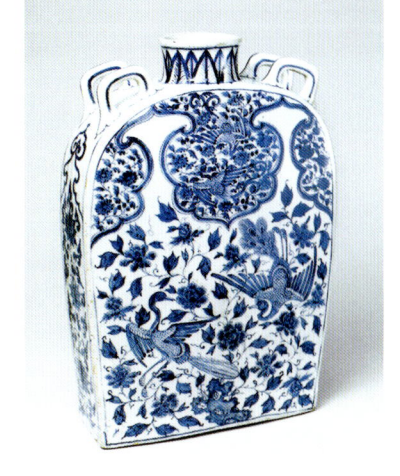

图3 元青花孔雀牡丹纹扁壶

冈清次郎买下的这只扁壶，壶肩有四条青花点身的魑龙，俯首躬身，翘唇卷尾，根据1988年苏富比的品相报告可知，这件扁壶的耳部是经过修理的。

元代顶级青花瓷器一物难求，扁壶的传世品十分稀少，尤其元代青花扁壶目前所知仅有8件，几乎都收藏于海外知名博物馆。2003年，纽约Doyle拍卖行，推出了"戈登·默瑞尔（Gordon Morrill Collection）藏中国贸易瓷及元明清瓷"专拍，其中编号74的元青花四系海水云龙纹扁壶（预估价50万至75万美元），品相有瑕。但在伦敦大古董商埃斯卡纳齐与伦敦著名藏家何鸿卿爵士（Sir Joseph Hotung）的相互较劲下，竟然飙出比预估价高出11倍有余的583.15万美元，约合港元4550万元，最终被何鸿卿折桂，以"黑马"之姿打破了当时中国瓷器第一高价的纪录。

以不完美之品相屡创天价。松冈清次郎购自苏富比的这件元青花孔雀牡丹纹扁壶被收录于《苏富比香港二十周年》，讲述着关于收藏家松冈清次郎的鉴赏知识、做事魄力及雄厚财力的收藏事迹。

如今，松冈美术馆所藏明清官窑堪称丰富，不少也是来自20世纪七八十年代的香港苏富比、佳士得两大拍卖会，因此不乏官窑精品。

1974年美国《时代周刊》报道了一条震惊藏界的重磅新闻，一件明代初年青花唐草龙纹天球瓶于苏富比上拍，以42万美元创造当时世界瓷器的拍卖纪录【图4】。据这张40多年前的报纸报道，在一阵长时间的沉默后，这件瓷器被现场一位日本藏家竞得。他正是松冈清次郎。

这件名噪一时的明早期青花唐草龙纹天球瓶【图5】之上，绘制的就是永宣时期最为经典的，最为大气磅礴、威猛雄壮、叱咤风云的典型龙纹，云龙回首观望，张口露齿吐舌，奋爪腾飞，遒劲威武，一派皇家之势。明早期御窑所出的青花云龙纹天球瓶，存世极为罕见，公私典藏不过数例，其中，土耳其托普卡比博物馆以及伊朗阿迪比尔（Ardebil）神庙的4件天球瓶定年于15世纪早期，皆无年款，可基本确定为明永乐年间制。伊朗阿迪比尔神庙中的3件天球瓶还在瓶底或瓶身刻有拥有

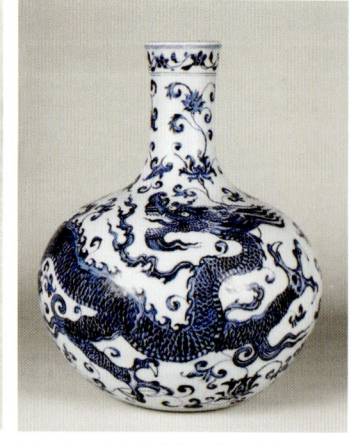

图4 美国《时代周刊》的报道　　图5 明永乐青花唐草龙纹天球瓶

者阿巴斯的名号，托普卡比博物馆藏的一件在口部镶嵌了奥斯曼土耳其式的铜盖与底足。这4件皆饰以龙纹，为明官窑御用珍品，可能是当时中东皇室向景德镇专门定制的。自宣德以后，天球瓶基本停烧，个中缘由众说纷纭。有学者认为，随着海禁政策的实施，这种明显带有西亚风格的器形在国内缺乏市场。

作为一家私人美术馆，松冈美术馆的收藏品有多达1800多件，完全是松冈清次郎凭借一己之力，在不足20年的时间内购入的。那时拍卖会上的瓷器仿品的量少，松冈既不大需要担心拍品真伪的问题，又能相对容易遇到自己心仪的珍罕瓷品。

图6 松冈旧藏清乾隆青花胭脂红料双凤戏珠纹龙耳扁壶

2010年香港佳士得秋季拍卖会"妙色莹然——舒思深伉俪珍藏宫廷御制艺术精品"专场，一件清乾隆青花胭脂红料双凤戏珠纹龙耳扁壶（LOT189）拍出1.06亿元天价，曾长时间保持着清代青花瓷器的价格纪录，可以说是目前市场上的清代青花器物中，少见的能够媲美元明名品青花的清代御窑青花类珍品。这种扁壶目前已知存世只有一对，另一只就陈列在松冈美术馆【图6】。

此器色彩丰富艳丽，画工细腻，为皇家陈设品中之精品。通体青花绘牡丹、莲花和芙蓉，再缀以胭脂红料花朵；口沿下绘如意云头纹一周；腹两侧胭脂红料绘双凤戏珠纹；足墙饰缠枝莲纹。胭脂料为釉上彩，于清雍正十三年（1735）在景德镇御窑厂烧制成功，督窑官唐英在《陶成纪事碑记》中称之为"新制西洋紫色"。

松冈清次郎改变了以往私藏秘不示人的收藏观念。他曾说过："再伟大的人，也总有一天会被人遗忘。唯有古代最高级的美术品才会永存。我的梦想就是让后代有机会欣赏到这些我所集来的作品。"

今天，当后人走进这座大隐于市的私人美术馆，欣赏着馆内丰富的凝聚着古今中外数代人心血的艺术珍品，会由衷感激这位收藏前辈保护艺术事业的诸多行动。

20世纪前期的日本收藏家多是明治维新后的实业家，他们中的很多人，后来选择把大量收藏都捐赠给国立博物馆，或成立私立博物馆珍藏。在东京绝对中心地带

图7 北宋磁州窑白地黑搔落雀纹枕

的千代田区，毗邻皇居的出光美术馆开设于1966年，馆内专门展示了日本石油公司"出光兴产"的创立者出光佐三历经70余年收集的15000件藏品。展品中有许多"国宝"或国家级重点文物。

馆内专开辟一件展厅，用来展示日本、中国及世界其他国家的陶瓷标本。标本室面积小、展品多，展示柜的下半部分采用抽屉式展柜，这样一来，标本室的收藏能力就增加了好几倍。观众可以像拉开抽屉一样拉开展柜欣赏里面的陶瓷标本，也可以近距离欣赏它们的花样、纹路和色泽。出光美术馆收藏的中国自汉代至明代的陶瓷藏品，属于世界一流的收藏水准。每次拉开抽屉，都会有莫名的欣喜与期待，这些抽屉里陈列的很多都是历史课本里记载的名窑标本，还有一些是和故宫博物院交换的。

出光佐三（1885—1981）是日本明治到战后的实业家，石油工程师，海事实业家，石油销售公司"出光兴产"的创始人。"出光兴产"现在是日本第二大石油公司，其业务有石油钻油平台、炼油厂等，当然也有各地油站。2008年在福布斯500强中位列第262位，炼油企业中排行26位，于2006年上市。如今出光美术馆展出的一万余件藏品中，包含日本"国宝"2件，"重要文化财"51件，可谓"东洋艺术宝库"。

如今日本各地有许多博物馆与美术馆，收藏有多达万件以上的古代磁州窑作品。其中有梅瓶、瓷枕、龙凤坛、红绿彩碗、天目、三彩花瓶等一大批磁州窑精品。磁州窑产品中，有一种工艺在日本被称作"搔落"，是在素胎之上罩一层厚厚的白色化妆土，再施黑釉。将黑釉刻出主图纹饰后，剔掉背景部分从而露出素白之底色，最后上一层透明釉。这是磁州窑最为复杂的装饰技法。

宋代磁州窑装饰风格有着宫廷绘画作品的影子，折枝花鸟图是当时流行的装饰题材，寥寥数笔，简单传神，颇具文人画意趣。传世品宋徽宗赵佶水墨《写生珍禽图》中，有四幅竹雀作品，与磁州窑枕折枝花鸟范式接近。从日本出光美术馆所收藏的这件著名的北宋磁州窑白地黑搔落雀纹枕【图7】可以看出，至少在北宋后期，磁州窑工匠在枕面上创作的剔花折枝花鸟已非常老道。

北宋末年，城市经济的兴起促进了绘画商品化。《东京梦华录》记载多处市场有固定书画买卖，酒肆、茶楼、熟食店也常以挂画布置房间。米芾云程坦、崔白、侯封等人的画："皆能污壁茶坊、酒店，可与周越、仲翼草书同挂。"折枝花鸟画的流行应与此时绘画买卖有关，可以大胆推断，面向市场的绘画作品画面线条必不繁复，以降低绘制时间成本；渲染必较清淡，以降低绘制原料成本；主题之雅俗必为各阶层喜闻乐见——折枝花鸟画是符合上述要求的。

花鸟图图式通常为旁逸斜出一折枝，鸟雀立于枝上，中锋拉出长而稳定的细线条，渲染亦用中锋，叶间脉络则用留白的形式，鸟雀较植物更为突出。雀鸟站立于枝梢，品类繁多，姿态各异，或仰头啁啾，或聚睛虫豸，或回首顾盼，或瑟缩避寒，充满生趣。出光美术馆的这件瓷枕枕面老枝横斜如闪电，上立八哥鸟炯炯有神，为瓷枕中年代较早的折枝花鸟图像。

1985年，日本文化财保护审议将擅长磁州窑风格的白地黑彩绘画技法的陶艺家、东京艺大名誉教授田村耕一认定为"人间国宝"最高称号，对磁州窑技法与文化艺术之崇拜由此可见一斑。

出光佐三的收藏中最著名的是一件元青花昭君出塞图大罐。元青花瓷器奇货可居，在2005年创下拍卖纪录的元青花鬼谷子下山图大罐，至今仍保持着青花瓷器的最高价。在存世甚少的元青花瓷器中，绘有人物故事题材的属凤毛麟角，目前所知传世者仅有8件，称之为"元青花八大罐"。

日本出光美术馆藏的元青花昭君出塞图罐【图8】，29.5cm高，荷叶盖。纹饰繁密，层次众多，满花装饰，该罐呈现白釉泛青，青花颜色青翠，有晕散、聚釉及铁锈斑，该罐的裾部位置，绘有元青花典型的变形莲瓣纹。这件盖罐的形制、构图形式与广西横县出土的元青花尉迟恭单骑救主图罐极为相似。罐腹绘9个人物，7匹乘骑（另外二骑当隐在山石后面）。9个人物中有男有女，

图8 元青花昭君出塞图罐

有老有少，或骑在马上，或摇鞭步行。马上驮着弓弩、行囊。人物相貌、服饰有差别。其中骑在一匹白马之上，怀抱琵琶，梳高髻的汉装女子是王昭君，前后各有一胡服女子随行。6名男子中，有的头戴貂冠，髡发驾鹰，着胡服；有的戴毡笠，着汉装。当是迎亲的匈奴使节和汉朝送亲的官员。画面中山石掩映，苍松、翠柳、修竹、芭蕉杂衬其间。疏密有致，布局匀当。

另外，出光美术馆也收藏有一件元青花海水双龙戏珠纹扁壶，与维多利亚与艾尔伯特博物馆所藏尤摩弗帕勒斯旧藏元青花扁壶的纹饰、器形、风格类似。

2012年上海博物馆为庆祝建馆六十周年，特举办"幽蓝神采——元代青花瓷器大展"，汇集来自伊朗、英国、美国、日本、俄罗斯等国内外30余家博物馆的90件元青花，如此大规模的元青花展在国内外尚属首次。出光美术馆所藏这件"昭君出塞"罐也在展出序列。

以元青花在中国瓷器史上所产生的作用来讲，确实是一个重大的转折点。比如元青花以前人物故事的瓷器罕见，以钴蓝作为主要色调的瓷器几乎没有。青花瓷用彩釉在瓷器上作画，以瓷为媒介，作为另一种艺术形式的载体，从而使古代陶瓷艺术焕发出新的生命力。元青花的另一个巨大贡献，是奠定了以景德镇为中心再辐射出去的一个巨大的白瓷生产基地，后来的粉彩、珐琅彩、色釉等各种瓷系都是建立在这个稳定的细腻洁白的瓷胎之上，正是有了这个基础，才有了明清中国瓷器的发展巅峰。除了某些特殊工艺，绝大多数后世的瓷器身上都能看到元青花的痕迹。

2016年5月香港佳士得春拍三十周年志庆拍卖"世纪珍藏"专场，一件堪称20年全球拍卖最重要的中国明代永宣青花瓷器——明宣德青花五爪云龙纹大罐（LOT3012）【图9】，从2200万港元起拍，经过激烈竞价，最后以1.4亿港元落槌，买家经电话委托竞得，加上佣金后的成交价为1.5804亿港元。这类大罐一般作宫殿陈设之用，与其可作参照的，已知仅两件，一件收藏于美国纽约大都会博物馆【图10】，另一件1980年曾在苏富比拍卖上露过面，由平野古陶轩为出光佐三购得，现收藏在日本东京出光美术馆。

出光美术馆与纽约大都会博物馆所藏宣德龙纹大罐足部上的莲瓣纹与被拍出1.4亿的宣德青花五爪云龙纹大罐有所不同，龙为三爪，龙首向前，兽面亦无外圈的横向鬃毛，整体上亦不失宣德龙纹之气势之盛。而出光美术馆收藏的这件大罐【图11】，其上所绘龙纹比大都会博物馆的那件更好、更清晰，大都会藏的那件大

图9 明宣德青花五爪云龙纹大罐　　图10 大都会博物馆藏明宣德青花云龙纹罐　　图11 出光美术馆藏明宣德青花云龙纹罐

罐之上龙纹有些晕散，而这件画得却是特别细腻。

出光美术馆收藏的大罐之上的龙身，每一块鳞片的描绘皆以淡青勾边，再填以铁青，作交互重叠之肌理。画师又根据龙身的粗细以及姿态变化调整鳞片的大小、走向以及疏密，在成功传达写实画意的同时，亦增强了画面的张力。龙的须发和肘毛的处理亦复如是，皆先以淡青绘制一层，再施以铁青，表达出浓密的层次感。龙眼、龙爪尖的空白处亦施以淡青渲染，以增强体积感。画师随类赋彩的能力在兽面上更是体现得淋漓尽致，兽面鬃毛下平涂的淡青有如狮鬃下的细毛，生动活现。本器的点睛之笔还在于散布的云纹，画师能经营位置，视空间之大小调整云头之形状，既填充了空间，又增加了美感。而四个兽面之间的云纹变化则纯出自画师的创意，为严肃对称布局的兽面平添了生机。

青花发展到宣德已经能稳定地发出浓淡不一的色调，论瓷者赞以"宣德青花最贵，以其色阶多，自然取胜"，其艺术表现力直可与水墨画匹敌。出光美术馆所藏这件龙纹大罐浓淡青料同施，多个色阶在窑火中融合，晦明变幻，氤氲升腾，韵味无穷。在像大罐这样的大器上运用如此细腻之技法则至为难得，足见其崇高之地位。

一位收藏家，当他选择了拍卖，他的藏品几乎全部都分散之后，他的名声、他的荣誉、他的学识、他的财富，也都渐渐消散了。而他若选择博物馆或美术馆，只要这些场馆与馆藏整体存在，对于曾经的藏家，他的名声将与其藏品永存。

当代中国收藏家与市场的关系过于亲密，我们过多地看到的是艺术品的经济价值，投机行为使得艺术好坏模糊不清。艺术品的真正归宿是何处？收藏、流通、买卖……我们知道，商品的流通其终极环节就是被人们消耗，现在艺术市场的繁荣使许多精品被市场竞相猎取，通过拍卖流向私人艺术机构的时候，真正重要的艺术品，不管经历的是个人还是机构的收藏行为，是通过美术馆购藏还是收藏家捐赠的方式，绝大部分最终归宿都是进入美术馆或博物馆。

走向拍卖会还是博物馆，这个摆在大多藏家面前的终极选择，对中国藏家而言，也许还有另一条路。

由于境内外政治、文化、经济背景的不同，一直生活在北京的王世襄，早年为国民政府追讨被日本抢夺的文物有功，新中国建国后为抢救流散民间的文物作出重大贡献。然而，命运沉浮的王世襄，后又被故宫除名。正是因为在逆境中，酷爱文物的王世襄说："我没有收藏书画、没有收藏瓷器，没有收藏玉器，更没有收藏青铜器，因经济所迫，对这些不敢问津，只能用几元或十元的价钱，掇拾于摊、访寻于旧家，人舍我取，微不足道，自难有重器剧迹。在收藏家心目中，不过敝帚耳，而我珍之。"王世襄一生以微薄的薪水、稿酬，捡漏众多，如唐大圣遗音伏羲式琴，如明朱小松归去来辞图笔筒，如明朱三松竹雕老僧，如明崇祯冲天耳金片三足炉等，以及一批明式家具。在王世襄八十大寿之后，已作为明清家具收藏大家的他把所藏79件明清家具，以定向转卖再捐赠的方式，被送进上海博物馆。王世襄走通了从收藏家走向博物馆之路。2003年11月26日，中国嘉德艺术品拍卖公司又举办了"俪松居长物——王世襄、袁荃猷珍藏中国艺术品"专场拍卖，143件珍品，全部落槌成交，王世襄又走通了从收藏家走向拍卖会之路。

其实，像王世襄那样，把零星的不适合博物馆收藏的珍品，送到拍卖会拍卖；把整体的适合博物馆收藏的重器，定向转卖捐赠给博物馆，可以说是一条最符合中国国情的中国收藏家之路。收藏家既走向博物馆，又走向拍卖会；收藏家既获得了收藏名声，又获得了经济利益。这是客观、实在、可行的且符合中国国情的收藏家之路。

胡惠春
J.M.Hu

2017年香港秋拍，佳士得以明嘉靖五彩鱼藻纹罐【图1】领衔，并拍出近2.14亿港元的高价，此品本身固然非凡，但显赫出身亦相当惹人关注。这回我们就来谈谈它曾经的主人——"暂得楼主"胡惠春。

中国近代收藏家崛起于清末民初的香港。当时"弹丸之地"的香港，是来华的英国殖民者及西方人的主要居住地。为了满足外国人的猎奇心理，本地居民当时就开始变卖自家的古董。1949年5月，国内局势突变，国民党政府倒台，大批拥有资金的资本家和古董商人纷纷南下香港，一时间香港成为了当时内地文物的暂住地和中转站。在以上历史条件和客观因素下，使20世纪的香港积聚了诸多有经济实力的富豪和蜚声国际的收藏家。

胡惠春（1910—1993）生于上海，是民国年间金融巨子胡笔江的大公子。胡笔江于1921年和友人创办中南银行，后来在北四行及交通银行任职高位。20世纪30年代，因为父亲大力支持抗战，遭到日军追击不幸遇难。胡惠春继承父业，掌管中南银行。胡惠春从小接受的是中国传统教育，深受中国文化影响，中学毕业后进入燕京大学攻读地质学，不过他对此并没有兴趣，他的兴趣在文史与艺术。1933年11月17日，他在日记中写道："做历史论文，题为《汉唐两代对外武功之比较》《汉初制沿秦旧制之原因》。"这哪像是一个地质专业的学生所做之题目呢，不过也足以看出他对于历史的爱好。

深谙文史和艺术，让胡惠春对中国古老的艺术品产生了兴趣。他对于陶瓷的钟爱始于求学阶段，购入的第一件古董是19世纪的民窑笔洗，那

图1 明嘉靖五彩鱼藻纹盖罐

是他从上海的小古董店里淘来的,对这件首次获得的藏品,他总是津津乐道。父亲的意外离去,使尚不足30岁的胡惠春接过了父亲的金融事业,他毫无怨言地一肩挑起了事业和家庭的重任,但骨髓中的中国传统文化熏陶使他在闲暇之余念念不忘的还是那些令他魂牵梦绕的古董瓷器。此后多年,胡惠春尽管忙于银行业务,但收藏步伐并没有停下来。他笃学尚古,雅藏御瓷、书画、文玩,渐成序列,早在40年代初,他的收藏已为人所瞩目,当中尤以明清官窑瓷器收藏为精华。

胡惠春在长期征购赏玩中练就了非同寻常的鉴别能力,并由收藏递进到研究,成为一方大家。20世纪50年代,胡氏全家移居香港。不过,在香港继续中南银行业务的胡总经理,并没有断掉与内地文物界的联络。1950年代初期,受中国政府号召,胡惠春将大量因战乱散失香港的重要文物运回内地,并将自己的收藏先后于20世纪50年代和80年代两次捐给上海博物馆,达300余件之多。移居香港后,胡惠春又于1960年创建"敏求精舍"收藏组织,并连任八届主席。敏求精舍集中了香港地区品位高雅的收藏家、鉴赏家,至今保持着很高的收藏层次。

胡惠春捐赠的藏品对于筹建初期"空无一物"的上海博物馆,可以说起到了奠基的作用。在上海博物馆新馆二楼,馆方特辟"暂得楼陶瓷馆"专馆,集中陈列胡惠春捐赠的珍贵陶瓷。

古物收藏者,除了好学敏求外,还应具备求美求精的原则,这也是胡惠春一直遵循的收藏原则。目前"暂得楼陶瓷馆"展出的胡惠春旧藏大概130件,虽数量不算多,但包括了不少晋、唐、宋、元、明、清的名品。

这个展厅的中心位置的独立展柜中陈列着一件明代早期青花人物纹大罐【图2】,在我看来,它应该是胡惠春的收藏品中较特殊的一件。大罐造形硕壮,雄健稳重。外壁通景环绘以琴棋书画为主题的仕女纹样。画中以曲栏将近、远景隔开,曲栏外云气缭绕,好似人间仙境。栏内在幽静的庭院中,则描绘了明代妇女的日常——与芭蕉、竹石、花卉等雅物相伴,或围坐听琴,或观赏画作,或下棋对弈,一派恬淡的世外情怀。画中仕女发髻挽起,霓裳翠

图2 明早期青花人物纹罐

图3 台北故宫博物院藏明宣德青花庭园仕女图碗

袖，面容端庄清秀，体态纤丽修长，举止间流露着明代女性文雅恬静之美和气度高古的风姿，体现了明代妇女的多样生活，也是当时社会面貌的反映。通身青花绘纹饰，发色明快，青料浓艳。

明永宣青花器物中，以人物纹为题材者较为少见。大约是因为当时使用的苏麻离青料，在烧制过程中很容易晕散，故所绘纹饰不够清晰。而这种青料又容易沉淀结晶，形成铁锈色的斑点，对人物形象刻画的影响颇大。这使得宣德时期没在大型器物上创制出大场面的青花人物。

现藏台北故宫博物院的明宣德青花庭园仕女图碗【图3】，为宣德时期人物纹器物的代表作品。碗外壁绘庭园内一仕女手舞足蹈，一侍女执扇，比手作呼应状，另一侍女捧包袱由室内拾级而下，另一边仕女双手供垂胸前，一侍女比手回顾。此碗是存世的宣德人物纹中，纹饰相对比较清晰的。

对比之下发现，胡惠春旧藏的这件琴棋书画大罐，似乎在器形、胎体、纹饰、青花色调以及修足等各方面，均与台北故宫博物院所藏的宣德人物纹高足杯大相径庭，特别是中锋运笔所绘的流云和人物，与明早期人物绘画的一笔勾勒法相比，在艺术表现力上应该说更加先锋和进步。于是有一些观点认为，这件明代大罐的产生年代也许不到那么早，准确的说，应该是明宣德至"空白期"早期的产物。

明代宣德之后、成化之前的正统、景泰、天顺三朝，共28年，历时虽短暂，但战乱频繁，各业凋零，影响到瓷业生产，与前朝永、宣相比有所下滑。另由于资料缺乏，烧瓷情况也难以洞明，加上这段时期出土、传世的瓷器数量较少，有关的研究文献也极有限。因此研究界就把这三朝时期称为明代瓷业的"黑暗期"或"空白期"。但随着人们对三朝瓷业研究的深入，发现这个时期虽然尚未见到署年号纪年的官窑瓷器，但是瓷业生产并非一片空白。可以确认，当时不仅有官窑生产，民窑瓷的烧造也仍然是很活跃的，从未有过间断。而且，无论是纹饰还是胎釉、用料均有着较为鲜明的特色。

根据近些年出土资料，我们大致可以总结出"空白期"纹饰的特点，总的来说这一时期青花纹饰由宣德时的繁密向成化时的疏朗过渡。其中有人物的图像多见楼台亭阁、琴棋书画、携琴访友、仙人指路等内容。而且，人物大都活动在云雾幻境之中，人物的脸部鼻尖突出。所画云层常弥漫天际，或从地上涌起，缭绕于亭阁之间，造成一种亦仙亦幻的气氛。云纹的轮廓线很宽，沿着粗线内侧再用细笔画数层连接的弧状云纹或涡状云，这种大片流云纹的画法，至景泰以后，演化为弹簧状，而且笔法也更加泼辣恣肆，层数也更多。这种画法被日本陶瓷界称之为"云堂手"，为三朝所独有。因此一些学者认为，除已知的这些御窑出土制品外，传世品中应该还存在一些该时期的制品，因人们对其认识不足而被划分进无款永乐、宣德、成化器中。在近些年的拍场中也看到，不少与胡惠春收藏的这件琴棋书画图大罐纹饰题材、绘画风格相仿的明器，都被归入了"空白期"。

为达到陈列时的美观，胡惠春讲究藏品的成双配对，这种在收藏中对于完美的追求，在今天的"暂得楼陶瓷馆"中俯仰皆是。过去一般藏家收集清瓷，多以乾隆为下限，很少收藏晚清瓷器，但胡惠春的清代瓷器收藏，除了最能代表景德镇瓷器生产高峰时期的作品外，兼及嘉庆、道光、咸丰、同治、光绪，甚至宣统瓷的收藏。成对的清乾隆粉彩百鹿尊、成对的清雍正斗彩花卉纹盘、成对的清道光粉彩"日日有喜"碗、成对的清嘉庆青花红彩御题诗水盂……胡惠春的收藏不但成双结对（或相近的器皿）很多，并多数有官窑款，这是极难办到的。

不仅讲究藏品成双配对，胡惠春对于品相的要求更占上风，丝毫瑕疵他都不会接受。有一个流传甚广的故事：一次，他遇见一对古月轩珐琅彩瓶，其中一只因为有一处小小的缺釉，他拒绝成双收购。卖家提出将有瑕疵的那件半价出售，但他还是只购买了那件完美的。不过在这些他所收藏的品相完美又成双成对的明清御窑珍品中，胡惠春还是更偏爱清代颜色釉。

颜色釉，港台地区更习惯叫作"一色釉"或"一道釉"。与五彩斑斓的彩瓷相比，颜色釉瓷的魅力全靠单一而美丽的釉色配合器形来展现。乍看之下，这种美一目了然，堪称至简；但凝神细看，其中所蕴含的含蓄淡雅、宁静致远的艺术效果却胜过其他任何品种。从烧造技术来说，至简却至美的颜色釉也比彩瓷更具复杂性和难度，烧造条件极为苛刻，稍有不慎就会失败。因此导致烧造成本昂贵，废品率高。故传世的发色正确、造型优美的颜色釉瓷，数量稀少。对于私人收藏者而言，要形成颜色釉瓷专门收藏系列，首先要有一双慧眼——具备独特而脱俗的艺术品位，深刻认识到颜色釉之美；其次要有一颗雄心——具备足够的耐性和毅力来实践

图4 胡惠春旧藏清康熙"豇豆绿"印盒一对

图5 清康熙豇豆红印盒

集腋成裘的壮举；最后，雄厚的财力当然不可或缺。放眼望去，世界上收藏中国古陶瓷的人不计其数，但能以颜色釉瓷名闻遐迩的却寥寥无几。

而胡惠春则应该算是清代康雍乾三朝颜色釉之集大成者，在他看来单色釉颜色虽简，却包含了文学、美学、哲学等诸多含义。在他的收藏中，也以颜色釉的瓷器最为精彩。

暂得楼的清代官窑颜色釉瓷几乎每一件都是经典之作，而且大多见于档案记载，这在当时是一件难事。但在胡惠春早年收藏之时，《清宫造办处活计清档》及其他有关历史文献尚未发表，因此他不可能对照档案去寻找宫廷重器，主要是基于个人的品位与少数古董商的参考意见。大半个世纪以后再来审视这些藏品，收藏家的品位和见识不能不令人称奇叫绝。

20世纪40年代，胡惠春在上海斥巨资买下一对大名鼎鼎的康熙豇豆红印盒【图4】，而这件豇豆红的器壁却大面积呈苹果绿色，只有在顶部、盖口沿处才微见豇豆红色，因此也被人形象地称为"豇豆绿"。我们知道清康熙豇豆红"八大码"中印盒本来不少见，但这种"豇豆绿"颜色的印盒却因为存世太少，我们甚至都不能判断它究竟是"无心插柳"的偶然现象，还是窑工"吹釉"技艺精进之后的人为控制，总之这般的前无古人后无来者的"豇豆绿"的翠色怡人，怕是"烧百而不得一"，甚至"万不得一"的吧。至少从相关古陶瓷文献的记述看，在清末能觅得一件康熙时期的珍贵色釉品种之一——苹果绿釉器物已属千载难逢，更不用说到了近现代，能使这般罕见"豇豆绿"成对流传于世，我想也只有那时的胡惠春能办到。

像这样成对的康熙"豇豆绿"印盒，在市场中还从未见过。豇豆红说到底，就是红与绿的配比，桃花与春浪相交，几度的红，甜而不腻的刚刚好，配上怎样的绿相得益彰不会艳俗；苔点多少为美器，如何分布为上品，只能说是"仁者见之谓之仁，知者见之谓之知"。每个藏家对它的美的理解都不会相同。2014年北京保利"宫廷艺术与重要瓷器、玉器、工艺品"专场拍卖，一件清康熙豇豆红印盒（LOT5720）【图5】以212万元成交。它的特别之处就在于，红绿两色面积都很大，互相交融，非常好看，被叫作豇豆红釉中的"桃花片"。

如果说红釉、黄釉、白釉等这些颜色釉，还属于审美的主流，理解起来并不太费力。那么一种釉色黄绿掺杂，还有颗粒感，远看像发霉的芝士的釉色则不那么讨喜，非高阶的玩家，怕很少能欣赏得来。这种黑、黄、绿混合而成的釉色，叫"茶叶末釉"，学名"厂官釉"，顾名思义，是御窑厂专烧供皇室使用"秘釉"。清代雍正、乾隆时期景德镇御窑厂仿制成功，被认为是"黄杂绿色，娇娆而不俗，艳于花，美如玉，范为瓶，最养目"。清代内务府档案记载乾隆皇帝曾多次过问厂官釉瓷器，应

图6 清乾隆茶叶末釉如意耳葫芦尊

图7 胡惠春自家客厅照（摄于20世纪80年代）

该说在乾隆年间，茶叶末釉的在宫廷中的地位远远高于同类单色釉器物【图6】。茶叶末釉产品器形多仿自古青铜器，搭配庄严沉稳的釉色，透露出一种高雅而神秘的气质。

"暂得楼"是胡惠春为自己的收藏所起的堂号。"当其欣于所遇，暂得于己，快然自足。"胡惠春认为，那种欣然而遇时自然流露的喜悦，正是他鉴藏一件器物时的内心感受。取其中"暂得"二字，因为胡惠春明白，艺术品不可能被一个人永远拥有，大家都是暂时的过客，所以图一时之快乐，曾经拥有就好。

这张相片【图7】的拍摄年代是20世纪80年代初，胡惠春摄于自家客厅。客厅的装潢看起来过于简单，沙发两侧放置着一对明嘉靖五彩鱼藻纹大罐，其下承原装锦盒。中间茶几上单放一件霸气十足的粉彩蟠桃纹天球瓶，再加上远处的一对青花大罐，满眼都是价值连城的御瓷珍品。

此时的胡惠春已70多岁，这个年纪的他不再执着于艺术及收藏，"甚爱必大费，多藏必厚亡"。这是他晚年曾抄写的老子《道德经》中的话。爱得太多，拥有的太多，必定会为其所累。这位感性、敏锐及热忱的收藏家，看透缘起缘灭，决定全身而退，学着放手。

1985年，胡惠春将他的部分收藏交由苏富比。同年6月4日苏富比在纽约举办"胡惠春暂得楼珍藏名瓷"专场，汇集79件明清两朝各个时期的精品瓷器，专场图录封面【图8】便是照片中那对嘉靖五彩鱼罐的其中一件，以110万美元落槌，创当时中国瓷器拍卖纪录。而胡惠春旧藏另一件嘉靖五彩鱼罐也于1992年见拍，成交价260万美元，按当时汇率，约2000万人民币，又一次创中国瓷器的成交纪录。

成对的两只大罐相隔7年问世，价格相差一倍，均为嘉靖官窑五彩瓷器中的罕见精品，美得没有分别，都是如此华美雄奇，色彩浓艳。

嘉靖五彩以色彩艳丽斑斓著称于世。釉上彩中红色多，画面浓艳而暴烈。这对大罐正好体现了这一特点，这时的红彩是枣皮红，黄彩是蜜蜡黄，紫是赭紫，绿是大绿、浅绿，青花是回青。嘉靖五彩多用橘红色，所谓的橘红色，是在黄彩上涂红彩，俗称"黄上红"，这是嘉靖朝独有的色彩，在20世纪80年代以前是很难仿造的。

有人说，嘉靖时期鱼藻纹的盛行与皇帝热衷于道教玄学有关。嘉靖二十一年（1542）之后，皇帝不理朝政，潜心修玄，以致当时烧造的御瓷当中不乏道教色彩浓厚的器皿，我想这正是鱼藻纹会出现并流行的根本原因吧。不同于传统的道教神灵图像，这件盖罐上几尾游鱼活灵活现、神态悠然，竟让人想起庄子笔下那些"出游从容"的"鱼之乐"，与皇帝本人生活的循规蹈矩形成鲜明对比。史料档案的记载正好也印证此番转变，例如嘉靖本《江西省大志》卷七之"陶书"一章载录，嘉靖二十一年曾下旨烧造"青花白地满池娇鲭鲍鲤鳜水藻鱼罐二百（件）"。但是该书由于当时保存的档案缺失，仅收录嘉靖八年（1529）至三十八年（1559）里烧造御瓷的名目，此式五彩鱼藻纹大罐在嘉靖三十八年之前的史料中不见记载，故而本品应该烧自嘉靖三十九年（1560）之后至四十五年（1566）之前的时间里。

前朝人对于明代五彩曾极为推崇，清初叶梦珠于《阅世编》评阅："磁器，除柴、定、官、哥诸窑而外，惟前朝之成窑、靖窑为最美，价亦颇贵。"叶氏为明末清初人，此见解正是代表晚明以来士人的审美观念。入清以后，嘉靖御瓷之五彩鱼藻图案深得清宫钟爱，康熙朝曾将之摹造在五彩瓷盘，并署款为"在川知乐"以昭示其寓意，亦成

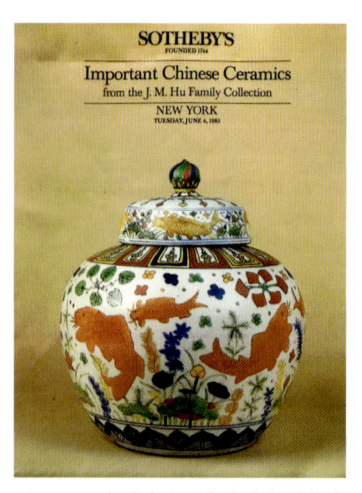

图8 1985年苏富比"胡惠春暂得楼珍藏名瓷"专场拍卖图录封面

为有清一代显赫的名品。由此可见，嘉靖五彩鱼藻罐对后世影响之深远。

胡惠春旧藏的这对嘉靖鱼藻纹大罐已成为半个世纪瓷器拍卖以来的一大经典，至今为人津津乐道。检阅当今公开的典藏资料，此式五彩鱼藻纹大罐除本品以外尚存不过10例，至为珍罕，多为世界最顶级的博物馆收藏，如故宫博物院、巴黎吉美博物馆等。其中大罐还配有原盖的例子更是凤毛麟角，除胡惠春收藏的一对外，仅在1953年的西方拍卖市场中出现过一件，已逾半个世纪。

图9 胡惠春旧藏清乾隆粉彩蝠桃纹天球瓶

2017年佳士得拍卖的嘉靖鱼藻纹大罐【见图1】，是1985年专场封面之外的另一件，1992年被拍卖后，于2000年再次上拍，以4404.475万港元成交，创下了中国官窑瓷器交易的世界纪录，被"乐从堂"曹兴诚买下。曹兴诚在一次采访中曾提到这件大罐的传承："明嘉靖鱼藻纹大罐，原系一对，为胡惠春先生早年在上海的收藏，后为香港刘銮雄收藏。2000年，刘先生拿其中一件送拍，为我拍得。"

1985年的胡惠春专场拍卖轰动一时，现在市场中所见胡惠春的收藏有相当一部分都出自此次专场。照片中被安置在胡惠春客厅茶几中央的清乾隆粉彩蝠桃纹天球瓶【图9】也随1985年这次专拍析出，后被仇焱之收藏。之后陆续出现在2000年伦敦苏富比和2015年香港苏富比。2000年上拍的时候，关于这件藏品，专家还有一些争议，觉得天球瓶虽断代是清乾隆，然疑粉彩是后加的。不过之后被证明，这件天球瓶的确称得上是最好的清代粉彩官窑名品。当2015年在香港苏富比秋季拍卖会"中国艺术珍品"再次上拍（LOT3610），收获5218万元高价。

胡惠春的客厅照片中，我们看到远处摆放有两只青花婴戏图盖罐，体量与嘉靖鱼藻纹大罐相似，鱼藻纹大罐的高价成交，会对这对嘉靖青花大罐有什么影响呢？我们不妨来看一下。

胡惠春所收藏的嘉靖五彩鱼藻纹大罐的出现，切实地提升了嘉靖官窑在中国陶瓷史上的地位，极大地改变了世人对嘉靖官窑的评价。1985年胡惠春所藏青花庭院婴戏图盖罐被拍卖，并于2007年的香港佳士得秋拍"重要中国瓷器及工艺精

图10 胡惠春旧藏明嘉靖青花庭院婴戏图盖罐

品"专场再次上拍。这种盖罐被认为是一种倾注嘉靖皇帝烦恼与愿景，极具时代特色的大罐。

嘉靖皇帝16岁即位，在31岁之前，他一直被"膝下无子"的问题所困扰。嘉靖皇帝求子心切，于是命景德镇御窑厂限期烧制一批绘有婴戏纹的瓷器进呈。婴戏图是嘉靖瓷器的主纹饰之一，常绘十六子，画面多是儿童作玩耍姿态，生动有趣，呈现出热闹欢乐的喜庆气氛。此后数年间，众多绘有婴戏纹饰的瓷器陆续进入宫中，满足了皇帝及其嫔妃们的视觉需求和心理愿望。2017年这件嘉靖名品青花庭院婴戏图盖罐（LOT1738）【图10】，经过激烈竞投以3056万港元拍出，创下嘉靖青花瓷器世界拍卖纪录。

胡惠春的藏品于20世纪末散佚了不少，转为海内外公私收藏。但是绝大部分清代单色釉瓷精品，为主人独好，一部分捐赠上海博物馆，另一部分仍存主人后代，一直贮存于美国纽约。在胡惠春女婿范季融与已故上海博物馆副馆长汪庆正的促成下，2005年9月底，"暂得楼清代官窑颜色釉瓷器展"在上海博物馆开幕，展出的54件（组）康雍乾颜色釉瓷器，40件（组）来自美国"暂得楼"，14件（组）为胡惠春捐赠上海博物馆的藏品。所涉颜色釉品类包括豇豆红釉、天蓝釉、孔雀绿釉、仿汝釉、仿官釉、仿哥釉、青釉、白釉、炉钧釉、祭蓝釉、黄釉、茶叶末釉等等。之后展览又去到香港、北京进行巡展，一度轰动整个亚洲陶瓷界。那时国内的单色釉市场刚刚启动，好奇的收藏家们带着"朝圣"般心情，趋之若鹜地奔赴这场展览。他们被胡惠春对于单色釉求美求精的品位所震撼，可以说，这种品位对于之后藏家挑选单色釉藏品的审美标准起到了重要的作用。2005年，中国嘉德拍卖公司为胡惠春出版《暂得楼清代官窑单色釉瓷器》【图11】，将胡惠春这些经典的单色釉收藏呈于书页，留作永恒。今天再翻看这本

图11 《暂得楼清代官窑单色釉瓷器》

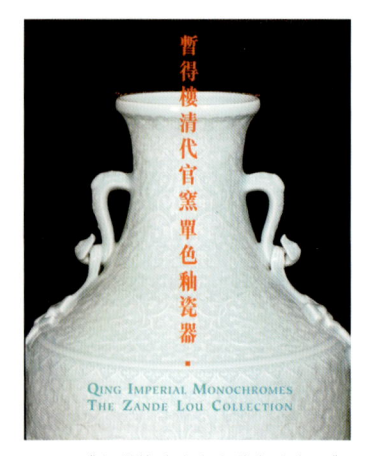

图12 胡惠春旧藏清康熙
天蓝釉柳条纹缸

图13 胡惠春旧藏清雍正
胭脂红釉杯一对

画册，惠春先生藏品品位脱俗，画册印刷精美，诸解说文字简约雅致，读之满心欢喜。这些盛清三代宫廷推崇的高雅幽润的单色釉瓷器，一扫元明青花之俗丽，让我联想起纳兰词的清新真挚。

2011年，中国嘉德秋拍"皇朝盛世——宫廷御瓷萃珍"专场推出数件胡惠春单色釉旧藏，挑选的都是《暂得楼清代官窑单色釉瓷器》中的精品。清康熙的天蓝釉柳条纹缸（LOT3201）【图12】，堪称康熙朝单色釉顶尖之作。今天人们论证清单色釉之含蓄内敛特殊韵味时，还常常将这件天蓝釉大缸作为经典范例。本品贵在简洁而不简单。瓷器上的柳条纹工艺主要模仿由树枝、藤条等编织成的篮筐一类的手工艺品，因工艺繁复而在瓷器上运用不多。但见自上而下的线条在釉水中自然流畅，疏密随视线移动而不断变换，恬淡不失灵动，于安静中绽放出一份华丽而含蓄之美。而创烧于康熙朝的这种高温天蓝釉，则将此缸装点得分外雅致。

遗憾的是，虽然本场的天蓝釉柳条纹缸、炉钧釉如意耳尊都以高价成交，但清雍正胭脂红釉杯（一对）【图13】、清乾隆青釉夔龙纹瓶【图14】虽拍卖前备受关注，却未能实现交易。2012年，《暂得楼清代官窑单色釉瓷器》图录中的另一部分单色釉出现在香港苏富比举行的"胡惠春旧藏清代单色御瓷"专场，这12件拍品以青釉为主，悉数售出，取得"白手套"佳绩。其中，LOT0112清乾隆松石绿釉浮雕缠枝莲纹石榴尊（一对）【图15】釉色妙仿绿松宝石。应该说18世纪初的瓷器作品，有不少松石绿釉瓷作，但本品用添加了白的乳浊哑光釉，运用琢玉技法，浮雕技艺巧夺天工，是当时的创新之作，以2306万元拔得该专场的头筹。这类清乾隆松石绿釉的浮雕作品，瑞士收藏家阿尔弗雷德·鲍尔收藏有一件雕凤穿缠枝花卉纹梅瓶【图16】；台北故宫博物院则藏有一件乾隆白釉浮雕缠枝莲纹的石榴尊，都很精彩。

胡惠春相信收藏讲究缘分，相信收藏者与古董之间有情感交流。他说："如果一个人只顾物品的价钱或者价值，那么收藏家跟古玩商就毫无分别了。"胡惠春的收藏理念是，环境与艺术品应当适当地互相配合补足，重要的、有价值的文

图14 胡惠春旧藏清乾隆青釉夔龙纹瓶

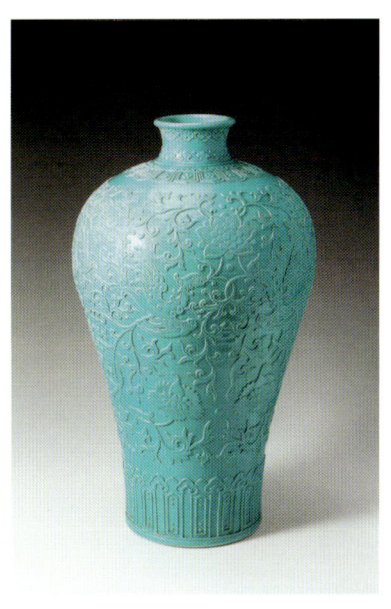

图15 胡惠春旧藏清乾隆松石绿釉浮雕缠枝莲纹石榴尊一对　　图16 鲍尔旧藏清乾隆松石绿釉浮雕凤穿缠枝纹花卉纹梅瓶

物不宜私人收藏，要放在该放的地方。"1993年胡惠春逝世后，他的后人遵循先生遗愿，将他收藏中最精彩的部分悉数捐赠博物馆，剩下相对寻常的器物，又通过拍卖析出，以飨后世藏家。我想藏品对于藏者的意义，正应是这样超越金钱的情感关系。

　　自从购藏第一件艺术品开始，胡惠春对每件重要藏品及其相关事情，都记得清清楚楚，反而与他本身银行有关的事宜，却似乎印象不深。所以在胡惠春的晚年，回忆一生时，他常常觉得困惑。困惑在过去的生命历程中，是否走错了路？他想他的真正兴趣，就是与艺术的交流。他认为自己实在应该从事文化活动的。然而，如果当初他选择走文化艺术的道路，还会有后来的大藏家胡惠春吗？而这些被他用一生珍之惜之，又以最好的方式被传承下来的大宗御瓷佳品，作为后人的我们又要到哪里去一件一件地搜集寻觅呢？

赵从衍
T.Y.Chao

20世纪80年代之前的香港，是一个以老派收藏及传统行家审美观念引导的艺术品市场。从这一时期艺术品的去向可以清晰地看到，大价位的古董几乎都是藏家所得，藏家们用富余的钱来购买古董。这个时期会有一些人有投资意识，但没有纯粹为投资而收藏的人。香港华光大厦顶楼有一间华光草堂，其间各种珍贵的玉器、瓷器、字画，珍藏洋洋大观，这间屋的主人是赵从衍。

赵从衍（1912—1999），出生于江苏无锡的一个政府官员家庭，毕业于上海东吴大学法学院，曾是一名巧舌如簧、左右逢源、人人称赞的大律师。只因不满"汪伪政府"投降卖国、卖主求荣的卑鄙行径，一气之下愤然改行，以一艘"维多利亚之星"的旧货船为依托，开始了"弃法从商"的艰辛创业生涯。赵从衍利用该船经营生意，再用赚来的钱购置更多的船只，生意越做越大，并于1949年创立华光船务公司，后发展成为全球航运界无与伦比的拥有60艘货船和油轮的"船舶租赁第一雄"。赵从衍的商业帝国不仅纵横全球海域，更涉足香港地产业，财运亨通。"华光"于1973年在香港上市，赵从衍也成为了香港有名的超级富豪，得到了"一代船王"的美誉。20世纪70年代，赵从衍退居幕后，开始迷上了古董收藏。

在赵从衍的收藏中，他最得意的是瓷器，关于他的高妙眼光，业内也早有共识。赵从衍曾把所藏清中叶以来的部分瓷器，借给香港中文大学开了一次展览会，仅是展出的这一小部分就在收藏圈轰动一时，可见其收藏之精。而赵从衍的藏瓷也被行业认为是"最有气派的瓷器收藏"。

"现代艺术品永远可以随时购买把玩，但怎么也比不上古玩字画有趣风雅，因为你知晓这种东西世界上已寥寥无几。当你望着一件已有1000余年历史的稀世珍品，想象着很久以前人类就能创造出如此精妙绝伦的艺术宝物，你就会觉得心旷神怡、兴奋无比的。"这是赵从衍自述的迷恋古玩的原因。他所收购的很多古玩字画，在当时就已是所值颇丰的宝贝，但赵从衍表示自己从不会为了金钱而出卖任何一件古玩字画。

幸运的是赵从衍与妻子同嗜收藏，晚年的他们共同分享作为收藏家的无穷乐趣，与朋友高谈阔论，品评藏品之优劣，溯根究源，存真去伪，其趣无穷。每天赵从衍除了欣赏这些稀世珍宝，就是栽花植树，世俗之气一扫而光——他本应这样度过自己的晚年生活。

"弃法从商"的人生故事让赵从衍听起来是一位思想前卫和极富冒险精神的商人，但从收藏家的角度来说，他还是属于所谓的传统藏家，这从他拒绝出售藏品的做法就可以看出。早期西方藏家收藏古董进而创办博物馆、公诸社会的观念，在当时对赵从衍、仇焱之、胡惠春等一代香港藏家影响颇深。这些传统藏家的藏品，主要得自20世纪五六十年代，对于藏品的选择，延续老派传统，多为金石、青铜、宋瓷、明清官窑。并且他们所收集的这些藏品，在他们生前几乎都没有大规模地出售过。

在自己的生意之外，藏家们把通过古董商购买，或藏家之间的互相易货作为主要收藏的途径。但这样的收藏并非易事，因为如果眼力稍差，或者没有行家的推荐，藏家几乎无法从当时已经赝品充斥的香港古董商店全身而退，于是很多藏家高兴而来，败兴而归。

因此从民国走过来的这一代藏家，也可以说是最后的老派收藏家了。他们有自己完整的收藏体系，具有极好的眼力及鉴赏力，一生只为收藏而收藏，心无杂念。

1973年，世界上最古老的拍卖行苏富比在香港成立分公司，一种新的交易方式开始影响香港古董市场。不过当时的拍卖类别单一，只有中国古代陶瓷——这种在全世界范围内都认可的"硬通货"。1974年刚刚成立的香港苏富比于11月2日举行"精美中国瓷器与艺术品专场"，这次"创世记"般的契机令赵从衍斩获颇丰。在他的收藏中，许多重器都得自这次拍卖。此时的香港经济腾飞，商业发达，短短不到五年时间，香港收藏家已经开始在拍卖市场中占据优势。他们频频举牌，高价迭出，此后这些香港藏家更是几乎控制了整个本土艺术品市场。

1980年的春天，香港苏富比举行了仇焱之私人专场拍卖。为私人收藏家举行专场拍卖，这对于香港的拍卖公司来说尚属首次。接下来1985年的胡惠春专场、戴福保专场，更如同一支又一支兴奋剂，让香港的艺术品市场热闹起来。新入场的买家们，对老派收藏家所经手过的藏品青睐有加，再高的价钱也在所不惜。赵从衍也属这类老派藏家，他的收藏目的直截了当，即选择精品，尽管到手价都被认为高得有些离谱。但市场一再证明，精品比一般品类升值快，在当时已有业内人士分析，即便赵从衍的藏品价值有些已高达千万，但只要他愿意出手，随时会被抢购一空。

香港拍卖市场如火如荼的同时，赵从衍的内心正在煎熬。1983年，由于全球石油危机，华光航业面对严重的财务困难，67亿的巨额债务使其几近破产。在保全藏品和拯救公司之间，赵从衍又将何去何从？这对于具有双重身份，既是企业家又是收藏家的人而言，常常是最难以抉择的问题——赵从衍的选择是誓死保华光。为偿还债务，他将地产等集团非骨干业务出让，又"忍痛割爱"，拿出珍藏的300件心爱古董套现获3亿港元，这才得到银行支持，进行债务重组。1988年，华光债务重组后股票复牌买卖，航运业走上正轨。此后，经营业绩逐年上升。1992年，华光的股票在伦敦挂牌上市，华光航业重振辉煌。

1986年和1987年苏富比举行两场"船王赵从衍及其家族收藏重要中国陶瓷器及玉雕"专拍【图1】，包括了历代名瓷、宝玉石器、明代金铜佛造像等类别的拍品。赵从衍所藏瓷器，数量、品质堪称一流，像宋定窑牙白釉浅褐色缠枝花卉加蓖纹枕、宋钧窑葵花形天蓝花盆（底刻"五"字款）、明洪武釉里红牡丹莲花大盘、明永乐青花云龙双耳扁壶、明成化斗彩藏文缠枝莲酒杯、清乾隆豆青雕古铜纹尊等，都是难得一见的珍品。

中国陶瓷数千年追寻着颜色之美，而历代统治阶层对颜色的专制和特殊的审美嗜好，对瓷器的釉彩变化影响深远。如宋代单色釉瓷器的文人化倾向，元代红、

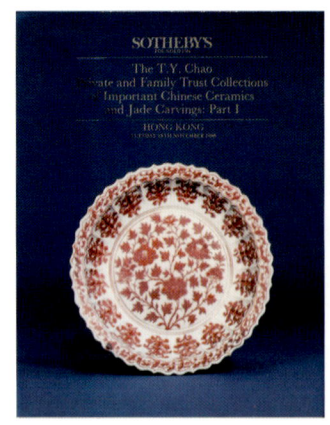

图1 1986年苏富比赵从衍专场瓷器拍卖图录封面

图2 明洪武釉里红折枝牡丹纹棱口大盘

紫、蓝、白的民族性嗜好。明清时期统治者对颜色的控制、限制，更是登峰造极，大到建筑，小到服饰、器用条例繁复，而洪武帝朱元璋正是这一切的奠基者。

朱元璋"尚红"。但红釉烧造自古在陶瓷历史上就是个大难题，景德镇至今流传有"要想穷，就烧红"的民谚。由于铜红料极为敏感，即便陶匠在制作过程中，已经小心翼翼地处理底釉成份、铜红料比例、窑内的焙烧温度和还原程度，甚至是瓷胎在炉膛内的摆放位置，以期望达致预期的颜色效果，但多是百不得一。从最早烧出红釉的长沙窑到14世纪的明代，几百年间制瓷技术虽然突飞猛进，但红釉的难关始终没有被完全攻克。到了洪武年间，景德镇陶工打开烧制釉里红瓷器的瓷窑时，映入眼帘的往往不是预期的一抹艳红，而是一片晦黯灰涩，色泽褪尽的情况亦时有发生。

尚"红"的朱元璋督促着明初釉里红器的生产；求而不得的红釉，又吸引着人们对其神秘色彩的好奇探究。

古陶瓷鉴定泰斗耿宝昌先生曾著文谈及洪武瓷器称，早年不被认识，价格不高。随着1949年后北京、南京、安徽、景德镇等地考古发掘的材料不断发现，使洪武瓷器的面貌逐渐清晰，才开始受到公私收藏的重视。1986年赵从衍专拍封面的明洪武釉里红牡丹莲花大盘，便得自之前1974年香港苏富比拍卖，按照专家的这种说法推测，赵从衍当时的到手价应该不是特别高。但到了20世纪，随着学术的认可，洪武釉里红瓷器的价格快速高涨，这些呈色尚不稳定，发灰发暗的洪武釉里红器，品相完整者动辄数百万上千万元，尤其是稀少的大型釉里红器在市场上更是有着惊人的升值潜力。1986年的专场上，赵从衍旧藏的这只大盘以1034万港元高价被日本商人松冈清次郎拍得，现收藏于日本松冈美术馆。要知道，据国家统计局数据显示，1986年中国大陆人均国内生产总值973元，城乡居民消费水平496元。当时的1000多万是什么概念！

从综合的考古出土资料及传世品情况看，洪武瓷以釉里红器数量较多。故宫博物院藏有清宫旧藏洪武瓷62件，釉里红占50件，青花器仅12件。可以推断，洪武朝的官方用瓷，或者说是宫廷用瓷中，釉里红器占相当大的比例，而且应该是民间限制使用的品种。洪武瓷器普遍硕大，尺寸往往大到超出人们的想象，极具元代大气、粗犷遗风。大罐、大盘、大碗有些甚至超过50厘米，20至40厘米都属于常见品。有学者推断，这类大型器是为满足伊斯兰国家的需要而生产的外销瓷或赏赉瓷。其实，元末明初人们的生活习俗胡化现象普遍，所以这类大型瓷器在外销之外，也应该在上层社会和皇室使用，或者用于赏赐。

但洪武釉里红和我们常规理解的宫廷用瓷稍有区别，朱元璋虽然重视釉里红器的烧造和使用法度，但却也延续元风不太重视品质的精细程度，因此釉里红器即便靡费巨帑，也不如大多御瓷看上去那样精美细致。

赵从衍专场封面这件釉里红大盘【图2】由于尺寸太巨，故烧成难度极大。此外它的特殊之处在于，其上红釉发色相较于洪武釉里红常常出现红偏黑灰，甚至黑紫的色样而言，可以谓之"纯正红艳"了；其上牡丹莲纹画工纯熟，呈现了洪武瓷器珍品的三大画风。其一，花卉在构图中的地位更为显要，枝繁叶茂的缠枝纹饰因此更为悦目突出。其二，在正面描绘花卉时，花蕊均留有一道白边，突出了白色花尖与殷红的花瓣之间的对比，这种留白大大也降低了这类釉里红器的烧造成功率；因为绘制时所用的是极不稳定的铜红料，外罩的透明釉又易于晕散，两者同做一器，常致红料渗至四周，遮盖掉其他图案，这种情况在英国伦敦大维德基金会所藏的玉壶春瓶中就出现过。尽管洪武年间的工匠不断调整着釉料比例，希望使其更加稳定，但留白会涉及的变数也是可想而知；然而，这件大盘对釉里红料的掌握恰到好处，也正是这种画法才更加凸显花卉之柔美。其三，洪武瓷器多以三角构图侧写牡丹，构图上以牡丹的正面和侧面描写交错出现，使图案显得错落有致，亦突出了整体的造型。

总之，赵从衍所收藏的这件传世的洪武釉里红大盘，从拉坯，到设计、绘制纹饰，乃至施釉及入火烧制，每道工序均无懈可击。造型完美，釉里红纹饰精巧细腻，无论从任何角度观赏，都是釉里红洪武瓷器当中极为罕见的美器。

洪武之后的永乐青花，也被认为"开一代未有之奇"。赵从衍1986年的这次专场中，有几件永乐青花瓷也颇值得一书。

永乐青花龙纹绶带耳葫芦尊，是流行于永乐时期的器形，仿自西亚阿拉伯铜器。当时的绶带耳葫芦尊更多的是绘那种极富中东色彩的抽象性和形式化的几何构图，即所谓"西范东诠"，其中精者多在千万以上，最高者为香港佳士得2006年秋拍"重要中国瓷器及工艺精品"中的明永乐青花轮花纹绶带耳葫芦扁瓶（LOT1512）【图3】，以1701万元成交。赵从衍的这件绶带耳葫芦尊则绘的是三爪龙纹【图4】，传统纹饰与流行器形合二为一作器，更加罕见。

图3 明永乐青花轮花纹绶带耳葫芦扁瓶　　　　　图4 赵从衍旧藏明永乐青花龙纹绶带耳葫芦尊

另有赵从衍旧藏永乐带盖青花梅瓶【图5】，这类梅瓶传世品多收藏于国内外公私博物馆，其中带有原配盖的是凤毛麟角。而与之前的元代和洪武梅瓶相比，永乐时期的梅瓶已经显露出一个新时代的风格。你会发现，这件梅瓶肩部的卷草纹线条起伏较大，草纹为对称形，这便与之前的不同，显得更富生机。腹部的主题纹饰虽为传统的缠枝莲花，但在花、叶的造型和构图布局上却很新鲜，莲花有大小，大莲花呈"品"字形排列，还间配花叶、花穗，线条舒展自然，且富有弹性，交叉错落，整个画面显得十分活泼。胫部的折枝莲花富有西蕃莲的韵味，形成6组排列，这种装饰形式在永乐之前都是很少见到的。青花彩料落笔点浓，顺势而下渐淡，多用中锋、侧锋运笔，运笔气势连贯。将勾线与一笔点画结合，这种青花的瓷绘技法也是永乐青花的一大特点。1986年出现于赵从衍专场的这件梅瓶，被藏界大名鼎鼎的"天民楼"收藏。"天民楼"是香港企业家葛士翘在1987年创办的，是当今中国官窑瓷器方面的重量级私人大藏家。

谈及永乐青花，精者稀者常是大器和立件，这使得小件的盘碗显得极富特色。赵从衍旧藏的永乐青花折枝花卉纹碗【图6】，虽然口径也有19.4厘米，但和动辄50厘米的大器相比，算得上是永乐碗中的精细小巧之作。这件永乐碗也是1974年《艾

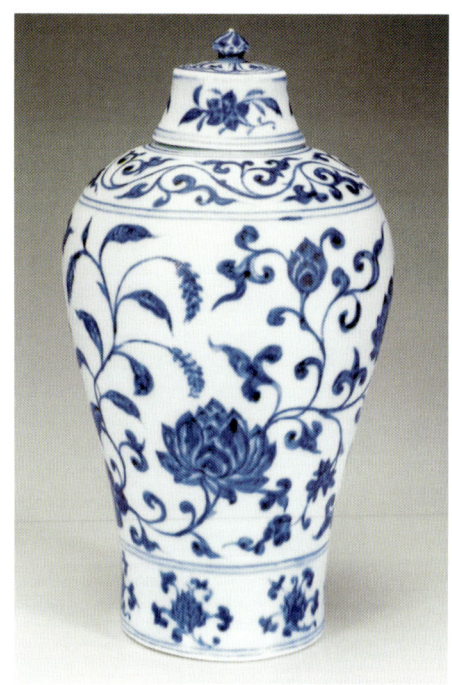

左：图5 明永乐青花缠枝莲纹带盖梅瓶
右：图6 明永乐青花折枝花卉纹碗

弗瑞·克拉克夫人藏中国青花瓷器》的图录封面，后被赵从衍收藏。艾弗瑞·克拉克夫人（Mrs. Alfred Clarke）与丈夫是举世闻名的中国艺术品收藏大家，所藏中国古陶瓷质量精绝，与大维德不相上下；在克拉克夫人藏瓷的这本图录中，每件器物都标注了明确的来源，而这件永乐碗的上一手，正是乔治·尤摩弗帕勒斯。

按照20世纪80年代之前香港老派收藏观念来看，清代的瓷器还不是收藏的主流，第一阵营当属宋瓷与明代永宣时期瓷器，第二阵营是元青花。赵从衍深受传统审美观念引导，所以最重视明代的瓷器，特别是其中的御瓷名品，从他青睐的藏品可以看出，赵从衍也特别讲究藏品来源及递藏关系。

1986年的赵从衍专场大获成功之后的次年，苏富比乘胜追击，于1987年再次举办"船王赵从衍及其家族收藏重要中国陶瓷器及玉雕（二）"专拍【图7】，其中不少拍品，也是市场中难得一见的孤品。

在实用瓷器中，执壶的造型最是优美。特别是1987年的赵从衍专场封面的这类青花的执壶【图8】，往往能以高妙隽雅、清丽洒脱的观感，给人带来超乎想象的审美感受，更容易赢得人们的好感，因此在历年的拍场上，永乐青花执壶不乏高价成交。赵从衍收藏的这件，是明代典型的玉壶春式执壶。这种执壶的形制，大致就是以玉壶春瓶为壶体，两侧各加一柄一流。赵从衍收藏的这件，肚子瘪瘪的，两面印桃形开光,被称为扁腹式,是明永乐时期的首创。这种器形源自西亚金属器,对于陶瓷来说更难塑造,需要以模印黏合法成形,比传统玉壶春式执壶更为稀少罕见。相比于其他执壶,这件的流看起来更显细且长,因为流在烧造过程中容易变形,所以大多执壶会在流与颈之间设计一花形薄片,起支撑和固定的作用。但这件执壶却不见接片,细长的流似平地而起,光是看着就令人担忧。再想想,它已经历经几百年,却能完好如初,就更觉得是几世的福分了!

永乐的青花执壶,市场中陆续出过一些,价最高的是香港苏富比2010年春拍中国瓷器工艺品专场拍出的明永乐青花缠枝花卉纹如意开光式莲纹执壶(LOT1850)【图9】,拍了1635万人民币。不仅有接片,且绘的是常用于执壶装饰的花卉纹饰,原盖佚失。所以即便是千万级,但从珍稀性和品相角度而言,也和赵从衍所藏这件绘五爪龙纹的执壶有些差距。从形制绘工题材等可以看出,此器是永乐时期专供宫廷使用的的御瓷珍品。五爪龙纹与莺燕花草相比,虽然从艺术性上来说后者可能更讨喜,但从根本上来说,后者在品级上就差了许多。

永乐之后的宣德时期,也是出产无数名瓷的盛世。一种体型硕大的钵被景德镇御窑厂创烧而出,钵的胎质坚硬、致密厚重,釉表滋润光洁。这种大钵的产生,和宣德皇帝本人不无关系,它并不是用于盛装的实用器,而是一种游戏道具。宣德皇帝童心未泯,喜好游戏娱乐,当时的名品像蟋蟀罐、鸟食罐、骰子钵以及投壶等瓷器,都是为了取悦宣德皇帝而制。1987年赵从衍专场中的洒蓝釉钵【图10】就是宣德皇帝用来掷骰子的。

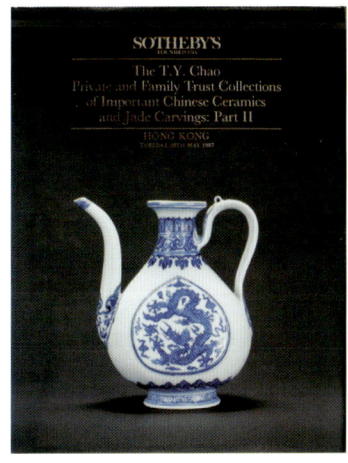

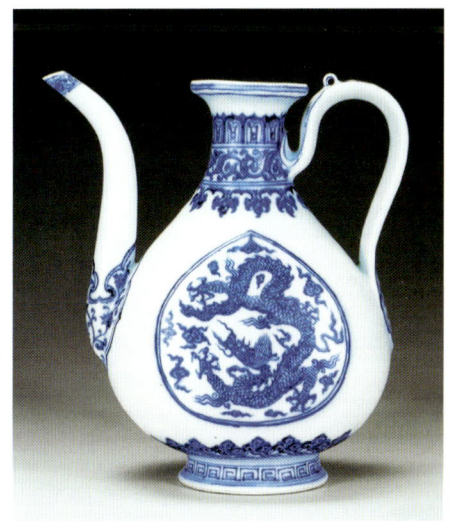

图7 1987年苏富比赵从衍专场瓷器拍卖图录封面

图8 明永乐青花开光绘龙纹执壶

图9 明永乐青花缠枝花卉纹如意开光式莲纹执壶

洒蓝釉是一种会呈现漂亮青金石色泽的蓝釉，亦称雪花蓝、鱼子蓝。它是用竹管蘸取蓝釉汁，吹洒于器表，由于吹的力度不同，在器表形成厚薄不匀、深浅不同的斑片，浓重处釉层较厚，薄处则露出白地，釉面上仿佛蒙上一层雪花，烧成后就有了"片片留白、如雪花飞舞"般的斑驳迷蒙的效果，无以名状，难述其妙。这种洒蓝釉是创烧于宣德年间的特殊釉色，宣德以后失传，故留存很少。

赵从衍收藏的这类洒蓝钵，全国也没几件。他这件洒蓝钵得自仇焱之的旧藏，据说是抗战年间，仇焱之花费800元在北京买到的。1981年的仇焱之专场，赵从衍花费370万港元得到这件钵，并于1987年赵从衍专场再次易手，以550万港元售出。在20世纪的北京曾出过相似的一件。据传70年代的某一天，一位老太太拿着这样一只蓝色的钵来到北京文物商店，想卖掉换些钱。据老太太讲，这只大碗在她家中存放了很多年，起初是装盐的，但不太好用，就用来喂鸡。肯定是老的，但不知是哪朝哪代。至于想用它换多少钱，老太太觉得，这碗说蓝也不蓝，上面还有白点，估计也不怎么值钱。最终文物商店的工作人员给了老太太80元钱，买下了这件"国宝"。这件80元的大明宣德洒蓝钵如今收藏在首都博物馆【图11】，成为该馆的"镇馆之宝"，另外英国大维德基金会也收藏有一件。

应该说20世纪80年代活跃的香港古董拍卖市场，已将明代瓷器价格推至顶峰，甚至30多年后的今天来看，大多的永宣瓷器都没有明显的涨幅，按照经济通胀率来看，甚至有些还低于当时的价格。与此同时，在70年代还不起眼的清代瓷器，在这个时期内开始受人瞩目，让人感觉物超所值，清瓷精品繁多。适逢当时的市场备受日本买家追捧，令这一批藏品的价格大幅度提升，也预示着中国的艺术品市场开始出现新的契机。

赵从衍对于清代瓷器的收藏理念，与明瓷讲究的"气派"稍显不同，他清瓷藏品在名品之外，都追求一种特殊的艺术眼光和高雅品位。

其中最著名的就是一只康熙五彩花鸟纹碗【图12】，曾为美国绝色美人、著名

图10 赵从衍旧藏明宣德洒蓝釉钵

图11 首都博物馆藏明宣德洒蓝釉钵

图12 赵从衍旧藏清康熙五彩花鸟纹碗

图13 徐展堂旧藏清康熙五彩花鸟纹碗

收藏家芭芭拉·霍顿的私人珍藏。她在晚年患病时，为筹集医疗费将部分收藏拍卖，被赵从衍收藏，1987年赵从衍专场再次被拍卖。芭芭拉专场还有一只相近的康熙五彩花鸟碗，被当时英国铁路养老基金所得，后于1989年上拍，被当时藏界叱咤风云的大腕徐展堂以1045万港元的高价购得【图13】。徐展堂以出手阔绰，敢于创造天价而知名，当时与他竞争这只碗的是一位日本买家。20世纪80年代的香港市场，虽然有几位实力丰厚的本土藏家，但如果是日本人想要的东西，基本上没中国人插手的份。但这一次，徐展堂表现的异常坚定，使价格扶摇直上，当最终突破千万而落槌时，满场掌声雷动——是为康熙五彩第一次跨过千万大关，也为清代瓷器和中国藏家的扬眉吐气而喝彩。同场，徐展堂还以880万港元的价格竞得康熙粉彩胭脂红地御制碗。拍卖结束后，日本人称他为"异常活跃的收藏家"，而国人则给予徐展堂"抗日英雄"的雅号。

1986年赵从衍专场所拍另一件清雍正斗彩"如日方中"高足杯（LOT136）【图14】也是经多位重要藏家递藏，来源显赫——它最早出现在1974年伦敦苏富比拍卖会上（LOT433），后来成为了收藏家Roger Lam的珍藏品，这位藏家也购买过乾隆珐琅彩"古月轩"题诗花石锦鸡图双耳瓶。在2015年，该件瓷器以1.1548亿港元成交，创下当年的瓷器拍卖纪录，也是从海外回流到中国人手中的重要瓷器之一。

在Roger Lam之后，雍正斗彩高足杯由赵从衍再续其脉络，拥有了这件瓷器。1986年11月18日赵从衍专场拍卖会后，这件斗彩瓷器又转手成为了Ira & Nancy Roger夫妇的收藏品。继而到1990年纽约苏富比举行的"Ira & Nancy Roger珍藏中国与韩国瓷器"专场拍卖会上，这件瓷器作为拍卖图录的封面作品（LOT43），无疑显示其重要性。1999年，这件瓷器又出现在香港佳士得春拍中（LOT536），当时估价为250万至350万港元，成交价为343万港元。到了2007年香港苏富比春拍中，这件瓷器再次出现在拍卖市场上（LOT0768），成交价为726.4万港元。最终在2011年，这件作品又出现在香港苏富比秋拍，以1500多万港元成交。

这件高足杯原本是有一对，另外一件也曾出现在1974年的拍卖会上，后转由Roger Lam及香港中文大学文物馆收藏，再次出现则是在2005年香港苏富比秋季拍卖会上，成交价为325.6万港元。【图15】

清瓷藏家出手，优先会考虑大件瓶罐盒类，碗杯之属次之，而盘碟类则更后。硕大器物，即使有些微损伤，如属极为罕见的器形，则照收不误。但小件器物一定要完美无瑕，珍奇稀有，品质上乘。这件斗彩"如日方中"图高足杯，绘红红旭日，在云彩中徐徐升起，是非常少见的纹饰，具有如日方中或鸿运当头的含意。雍正皇帝夺嫡即位，朝野众说纷纭，胤禛或因此对寓意等事较为敏感多虑，且笃信祥瑞之说。此杯足上绕书寿字，寄语延年益寿，更悦君心。

从瓷器的珍稀性、完好程度来说，这对高足杯应该说都是精品稀作，但历经三十余年，价格悬殊却上千万，应该说这与2000年以后中国内地买家的陆续进场不无关系。他们中的许多人从投资角度考虑购买艺术品，其中最着重考虑的就是作品本身的流通程度。因此，经多位藏家递藏，渊源可靠，流传有序，也就成为那只"如日方中"高足杯价格节节攀升最为重要的因素。

赵从衍所藏清代瓷器，即便是在一些相对普通的品类上，也都体现出他非凡的艺术眼光。在我任职嘉德期间，曾亲自经手一件赵从衍所收藏的清康熙五彩仕女图棒槌瓶【图16】，也是出自1986年香港苏富比赵从衍专场（LOT124），后也被徐展堂收藏，于中国嘉德2012秋季拍卖会拍出，以184万元高价成交。

图14 赵从衍旧藏清雍正斗彩"如日方中"高足杯

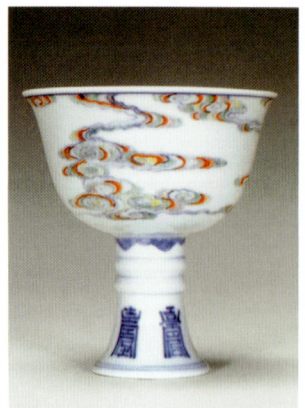

图15 香港中文大学文物馆旧藏清雍正斗彩"如日方中"高足杯

棒槌瓶是康熙时期新创的样式，其腹部画面广阔，因此风行一时。能在这类棒槌瓶上作画的艺人，通常都是御窑厂中笔法最为深厚的画师，因此颇多精彩画作。但赵从衍收藏的这件，在美之外，另有一股特殊的气质——郁然深秀，山色苍茫，湖面小舟荡漾，空中鸿雁呼啸，令人顿觉远离都市尘嚣之悠然意境。美貌的仕女们长衣长裙，腰间系带，头顶云鬓，身段优雅，玉手芊芊，个个端庄清秀。三三两两，或抚琴，或对弈，或赏画，或执笔挥毫，棋琴书画汇集一堂，带着女性特有的柔媚，呈现出与兰亭雅集不一样的风姿清韵。康熙的棒槌瓶，即便是在当下的市场上，也很难有过百万的作品，但在6年前，赵从衍的这件棒槌瓶就卖到了近200万，说明他对于品位的挑剔，在藏家中受到广泛认可。

图16 赵从衍旧藏清康熙五彩仕女图棒槌瓶

当年赵从衍出售藏品的决定"力挽狂澜"，他所建立的航运企业，如今在全球航运界依然有一定影响力。而他的藏品所创造的3亿港元的辉煌成交额，也远远不能用几个简单的数字来衡量。收藏的意义在于传承，文化才是最具价值的财富。拍卖这一霎那的光辉，是藏家倾其一生所投注的热情、执着、谨慎与坚持换来的。应该说，市场价格是古董艺术的一件最外在的商品外衣，其真正的内在艺术价值，才是最值得挖掘和收藏的东西。故收藏古董艺术品的初衷，不应该是以快速转手获利为主要目的。收藏的过程，是个不断学习认识和提升自我的过程，这个过程已经值回票价。

天民楼
Tianminlou

鸿禧美术馆
Chang Foundation

一件经历了千百年沧桑巨变、颠沛流离而流传至今的藏品，如今却静静地躺在某间店铺、某个橱窗、甚至某个地摊上；而风尘仆仆的你，在经历了无数风雨人生和喜怒哀乐之后，在匆匆经过时的某一次偶然回眸，从此就注定了一桩艳羡千年的绝世情缘：藏品找到了它温馨的归宿；而你，则收藏了慰藉平生的至宝。所谓收藏之聚散的缘分，在今天的藏界，天民楼和鸿禧美术馆的故事怕是最为人所津津乐道的。

"天民楼"是香港企业家葛士翘先生1987年创办的葛氏藏瓷堂号。葛士翘先生乃民国时期的文化界人士，同时亦是商界与藏界之传奇人物。抗战时期，葛士翘从天府之国转战到上海滩，靠写文章、编报纸为生，在商界取得傲人业绩。50年代初，葛士翘先生赴香港发展，事业如日中天。事业上的成功为葛士翘带来殷实的财富，也为日后天民楼的创建打下坚实的基础。"财富必要，绝非唯一"。随着成功的事业，葛先生的资产不断上升，怎样利用多余财富，每个人有着不同的选择，葛士翘先生接下来的故事与众不同，因为他还要将自己推向另一个人生顶峰。葛士翘先生决定涉足收藏事业。1987年，葛士翘的"天民楼藏瓷展"在香港大会堂举办，展品涵盖从元至清代康雍乾时期的瓷器精品163件，一时轰动整个香江。20世纪90年代，葛士翘之子葛师科从父亲手中接管天民楼。天民楼藏瓷基业之幸，有赖其毫不逊色的传人葛师科。在父子二人近半个世纪的细心耕耘下，天民楼藏瓷蔚为大观。

一件元青花在手，足以在藏瓷界傲视同群，顾盼自雄。而坐拥27件元青花精品，这样的收藏无疑成为所有藏瓷人及瓷器专家心目中的圣殿，天民楼正是如此。

天民楼收藏的元青花就其数量和质量而言，都是令人景仰的。27件元青花中有一件品相完好的带盖梅瓶。因为在宋元明三朝，梅瓶为实用器皿，多为盛酒之用，故烧造同时必配瓷盖,传世梅瓶的瓶盖大都容易遗失,因此天民楼的这件带盖元青花缠枝牡丹纹梅瓶【图1】也就显得格外珍贵。无论是青花发色,还是器身典型的牡丹缠枝纹纹饰都极有元朝典型色彩。除了本品以外,存世所见以牡丹纹为主题纹饰的元青花梅瓶一共10件,其中保存顶盖不失者仅得4例。除香港葛氏天民楼藏品外,还有香港佳士得2003年春拍第640号拍品【图2】和江西高安窖藏两件出土品。

天民楼对藏瓷有十分明确的定位,那就是高标准、高起点,对藏品要求精中选精,残缺瓷和修复瓷都不能入藏。这一收藏基准,成就了天民楼27件元青花竟全是完整器的收藏神话,也成就了明清官窑经典瓷器的系统收藏。天民楼的明瓷收藏中,有一件明永乐青花缠枝纹带盖梅瓶【图3】,亦是品相完整,存世罕见。

天民楼所藏元青花及明清官窑精品主要是80年代前后开始集中收藏的,藏品也主要来源于苏富比与佳士得两家拍卖公司的各地拍卖会。前文中的两件梅瓶,都是得自于早期拍卖,严格遵循天民楼的藏瓷定位,均为市场中可流通的该门类中最好的梅瓶。

葛氏反复强调的另一条收藏原则就是流传有序。相对而言,老一辈的收藏家更为低调、纯粹,大部分是因为喜欢才买,会做深入、细致的研究,鉴赏的能力不一定输给专业人士。天民楼的藏品中有一件明永乐青花缠枝花卉瓜藤纹大盘【图4】,是香港著名收藏家叶义医生的珍藏。叶义是香港敏求精舍的成员,他白天忙碌工作,晚上回家挑灯夜读,研究藏品。他为每件藏品写签条,每件东西的著录、来源

图1 天民楼藏元青花缠枝牡丹纹带盖梅瓶　　图2 元青花缠枝牡丹纹带盖梅瓶　　图3 天民楼藏明永乐青花缠枝纹带盖梅瓶

图5 明永乐青花十六子碗

图4 明永乐青花缠枝花卉瓜藤纹大盘

都有详细记录，可见其用功甚勤。1985年香港苏富比"叶义医生专拍中国瓷器及艺术品专场"，这件瓜藤纹大盘作为专场图录的封面，被天民楼拍得珍藏。

天民楼的收藏中还有一件明永乐时期的青花十六子碗【图5】，该珍品是葛先生于1981年从拍卖会购回，当时含佣金是165万港元。这在当时是什么概念？这笔钱在20世纪80年代初的香港，可以在黄金地段买下3套高级海景公寓。

这场拍卖在当时算是一大新闻，立即成为第二天全香港报纸的头条，标题多为《天价购得一只碗》，内容也多是嘲笑的口吻。对此事毫不知情的葛夫人，看到这则报道时，还问道这是哪个傻瓜呀，花这么多钱买这只碗。殊不知碗的主人就在自己身边。事实证明，当年葛先生的决定是正确的。

这是一只永乐年间的青花侈口大碗，外壁绘庭院祥云、山水栏杆、花草树木，儿童嬉戏其间，足圈绘回纹图案一周，口脚加饰边线。此碗无论从胎骨、瓷釉、形制、绘画等各方面来说，都称得上精美绝伦，可以毫不夸张地说，此碗是永乐年间景德镇官窑瓷器中的精品。有人认为这件可能是市场上可流通的所有永乐青花瓷碗里最好的一件。

婴戏图是中国瓷器装饰艺术上的重要题材。明清两朝的瓷器都有以婴戏图来装饰的瓶、盘、碗、坛等，足见几百年来，这是广受欢迎的纹饰。用小孩作纹饰，从宋代就有，但大多是一个两个。出现16个小孩做各种游戏，过去说是宣德以后才有，但其实永乐就有了，但不多见，此婴戏图碗画了16个儿童共嬉戏于庭院，也许就是这只碗开了"十六子"纹饰的先河。为什么绘16个儿童？16是4个4，中国人爱讨口彩，"四四如意"是"事事如意"的谐音，四四一十六，16就暗含着这层吉祥如意的意思，成了中国的吉祥数字。

一件精致的官窑瓷器，上面的纹饰绝非窑匠画师信手画来。我以为16个孩童的四组画面各含其义：戏鱼于盆，暗含鱼龙变化，君不见有一小儿手指天上，仿佛在说：鱼跳过龙门就成了龙；堆沙丘，暗示聚沙成塔，只有经过努力才能成大器；玩投掷，是在演练连中三元；摘荷叶当伞扮官骑马，是在说：经过一番奋斗就能一路连科，加官晋爵。

30多年后的今天，葛师科感慨地说，父亲的眼力和魄力是多年的文化积累和悉心研究练出来的。天民楼的成功，与其拥有的财富无不关系。其实财富在收藏过程中只是主要因素之一，而绝非唯一条件。收藏并非仅仅是简单的购买，收藏更是一个过程，在香港拥有千万资产的人可以说不计其数，但藏品达到相当规模的藏家，只有寥寥数人。

"天民楼"在藏界赫赫有名，元青花及明清官窑瓷器的收藏价值连城，但是葛氏父子从来不只看这些藏品的经济价值，锁进保险柜，秘不示人。天民楼的藏品是陈列出来的。他们经常接待来自世界各地的专家、学者、收藏家。葛师科说："我父亲生前有个心愿，希望天民楼的藏品有朝一日能够发挥像大维德的收藏这种作用。因为当年全世界从事陶瓷研究鉴定的学者专家几乎都是从这里出来的，就是因为他们有好的藏品，我也希望有一天天民楼的藏品能发挥这样的作用。供大家作为学习和研究之用。"

葛师科曾表示，对于收藏家来说，卖东西只有两种可能：一是生意失败，不得不卖，这样的例子不少；再有是喜欢的人不在了，下面也没人接手，底下要分家，这些东西卖成钱是最方便的。对真正的收藏家，这些东西都是千挑万选自己喜欢的，个个舍不得。

毫无疑问，天民楼的藏品在两代藏家的递藏中，找到了最好的归宿。而下一个故事就像大多数收藏家遇到的一样，各类不确定性和各种因缘际会，让人悲悯酸楚。

提及台北故宫博物院，几乎人尽皆知，那么，你知道"台北小故宫"吗？实际上，这里的"小故宫"指的是一家位于台北的私人美术馆——鸿禧美术馆。在台北，它被当作举足轻重的文化据点。业界冠以"台北小故宫"之荣称，每年吸引全球不计其数的文化艺术爱好者前去拜访。

鸿禧美术馆坐落在台北市中正区仁爱路二段。虽然它名叫"美术馆"，实际上它是一家综合类"博物馆",含有一定数量的美术作品。鸿禧美术馆隶属鸿禧艺术文教基金会,以中国传统文化的收藏、保护、展览与研究推广为主业。鸿禧美术馆的馆藏文物总数超过30000多件,堪称世界级的私人美术馆。其藏品大致可分为陶瓷、鎏金佛像、书画、雅趣逸品四大类,各具特色。其中3000多件馆藏陶瓷精品是鸿禧美术馆最精彩的典藏,同时馆中也藏有相当数量的珍贵瓷片标本。

鸿禧美术馆的收藏基础源自台北著名的实业家、文物收藏家、鉴赏家张添根及其子女两代的累积和搜罗。要追溯鸿禧美术馆的创建,张添根是一位举足轻重的人物。张添根祖上为台中世家,其祖父为清秀才,9岁时,张添根随父亲购得了生平第一件收藏——汕头铁绘花瓶,即对文物搜集产生了浓厚兴趣,他不抽烟、不喝酒,一生最爱搜藏文物,把钱都拿去买文物了。在付出极大心血,广为搜罗后,张添根家族有了庞大的收藏体系。

成立一家美术馆来系统性地整理、维护和研究、推广这些文物,成为张添根心中的念想。1984年,在庆祝老先生70岁生日的宴会上,其子女为了达成父亲的心愿,决定着手创立一间美术馆。7年后,鸿禧美术馆终于落成,并正式对外开放。开馆后,鸿禧美术馆丰富精美的藏品,使得参观者络绎不绝。甚至连大英博物馆、卢浮宫美术馆等世界级博物馆馆长都来这家私人美术馆拜访。1995年,美术馆完成扩建,就在准备欢庆四周年馆庆之际,张添根先生不幸辞世。由儿子张秀政继承衣钵,接棒家族及收藏事业。然而祸不单行,90年代末,鸿禧集团出现了财务危机,张秀政不得不把他的部分藏品分散出去。

在鸿禧美术馆出手部分藏品时,乐从堂主人曹兴诚接受了包括后来在2017年秋季苏富比拍出2.9亿港元成交价的汝窑天青釉洗【图6】在内的一批宋瓷。这件"最贵"汝窑洗,在拍卖现场历经20多分钟、30多次的叫价,堪称一场让空气凝固的胶着竞逐。它打破了历年中国瓷器的拍卖纪录,价格超过三年前同一场地成交的明成化斗彩鸡缸杯。

资料显示,这种北宋汝窑天青釉洗迄今私人收藏传世仅4件,此乃其一,逾九百载,历经十数代之珍爱细藏,品相几近完美。关于这件天青釉洗的最早市场记录是来自于1982年伦敦苏富比的拍卖,后被台湾著名的收藏家张添根收藏,收在其创办的台北鸿禧美术馆中。

乐从堂堂主曹兴诚表示:"汝窑单色,构造非常简单。简朴当中,巧思就花在比例上面。它的高矮、胖瘦、弧度等都很考究。所以它是在比例、造型上面发挥'极简美学'的最高成就。"

正像曹先生说的那样，这件汝窑笔洗，釉如凝脂，天青犹翠，冰裂莹澈，器形巧致雅绝，底见三芝麻花细小支钉，通器完美臻善，当属汝官瓷之典范。从我搜集的不同藏家在预展上拍的照片后发现，每张照片拍出的颜色都不一样。这似乎是汝窑天青釉的独特之处，即我们很难用相机来捕捉到与肉眼感官完全相同的颜色。对于这件汝窑的釉色也引起过藏家们的热议，与五年前近两亿人民币成交的那件汝窑葵口盘对比，不难发

图6 鸿禧美术馆旧藏北宋汝窑天青釉洗

现，之前那件汝窑葵口盘，釉色蓝中偏白，釉面乳浊，近于大家习见的天青色，而此次的汝窑盘釉色偏翠绿，满布冰裂纹。我们再以两件最经典的汝窑作品——故宫博物院的汝窑三足奁和台北故宫博物院的汝窑莲花式温碗的釉色作为比较，也会发现跟此次的汝窑盘釉色有所差异。原因应在于烧制温度的不同。

推测宋代窑工有时为了烧制标准的天青色釉，往往对窑温严加控制，使之略低于完全烧熟胎体所需的火候，此时，胎体夹生，而釉面却刚好呈乳浊天青色；反之，若高温烧造，胎体全熟，就会形成如此次拍品这样的翠青釉色，同时满布冰裂纹，釉色明亮悦目。其实这种翠青釉色的汝窑在传世品中更为少见。釉色相近者如大维德基金会藏品、罗斯卡博物馆藏一对圆洗之一及Princessehof陶瓷博物馆藏例。

汝瓷创烧于宋哲宗时期，但却是在宋徽宗时臻于完美。奉道的宋徽宗以"青"为贵，他献给神仙的祈祷词就写在天青色的青藤纸上，唤作"青词""绿章"。这种淡蓝色所带来的沁人心脾的静谧感，恰恰契合了道教"静为依归""清极遁世"的处世哲学。如果不是金人的侵扰，宋徽宗与汝瓷或许能产生出更多佳话。然而，北宋末年，宋金之间频发的战事，不仅扰了徽宗的清梦，也终止了汝瓷的烧造。今天，这样的器物绝对是可遇而不可求的，说是"百年一遇"也不为夸张。

同时在本次香港苏富比拍卖的"乐从堂珍藏宋瓷粹珍专场"中，一共有15件宋

瓷，大部分都是出自于鸿禧美术馆旧藏瓷器，共创下3.6亿港元的专场成交价。这些被标着"鸿禧美术馆旧藏"标签的待价而沽的商品背后，是张添根与子女两代人尽心收藏的成果。张添根先生肯定无法得知此事了，否则它们离开鸿禧的痛，张先生必无法承受。

私人做美术馆、博物馆是一条"盗火者普罗米修斯"之路，每件藏品都如心肝宝贝，每次离散都如摘肝去胆。

鸿禧美术馆旧藏中还有一件与天价北宋汝窑盘同样稀缺的南宋官窑洗。鸿禧美术馆的这只官窑洗是印龙纹的，如今所见存世南宋官窑绝大部分都为素面，采用划花、印花等工艺的作品极其罕见，就连两大窑址都鲜有发现，绝对称得上是珍稀之作。

从历史角度来说，宋代和晚清，常被人看作是中国历朝历代中最软弱的时期，故有"弱宋"之说，但我们将宋代和晚清的龙纹来对比看看，宋代是不是真的那么弱呢？相比之后元明清三朝的龙纹日益卡通化、程式化的倾向，宋龙还是显得凶猛一些的。从鸿禧美术馆的这件南宋官窑龙纹洗【图7】可以看出，虽不及唐龙能够上天入地的神物感，但宋代的龙也是显得矫健雄奇，异常凶猛。龙犄角分叉较早，龙角曲度大，多云纹环绕，龙嘴大张，露齿吐舌，眼睛不明显，龙发龙须均为几缕，飘向脑后，给人张牙舞爪，气势冲天之感。

作为藏家，收藏的目的是爱好，是把所有有文化价值属性的艺术文化遗存收藏起来。而艺术品经济人的目的则是找到最好的文化艺术收藏品，以最好的价格，把他们留下的这些对自己而言的"无价财富"卖给最爱它们的下一任。今天，标着"鸿禧美术馆旧藏"的标签的珍品，可能在某个无法言明的特别境遇流出，对于张添根而言的悲离，却成了拍卖公司及现世藏家的希望。

2013年，时任中国嘉德瓷器工艺品部主管的我曾经手过一件元青花缠枝牡丹纹摩羯鱼耳大罐【图8】。据传是日本收藏家左藤先生旧藏。此罐在民国四、五年前，由在日本驻杭州领事馆工作的左藤先生的父亲左藤荣座在杭州购得，日本战败后带回日本，此罐一直收

图7 南宋官窑龙纹洗

藏在左藤家族，后经儿子左藤先生在日本的同事赵先生介绍，卖给中国藏家。左藤家族现在日本从事日本糕点生意，很有名望。1974年12月，此罐由伦敦苏富比拍出，后归台北鸿禧美术馆。此罐1978年在日本大阪市立东洋陶瓷美术馆展出，2004年4月再由香港佳士得以2190万港元拍出（LOT1021），先后收录于《鸿禧美术馆中国历代陶瓷选集》《佳士得二十周年精品集》，是市场上流传有序的元青花名品。2013年5月12日，这件高50.4厘米的元青花缠枝牡丹纹摩羯鱼耳大罐（LOT3554）在中国嘉德春拍又拍出3622.5万元。

图8 元青花缠枝牡丹纹摩羯鱼耳大罐

元青花瓷器最初烧造，多应波斯地区王公贵族之需，造型、纹饰、功用皆依自彼地之风俗而定，一改宋瓷影青之纤薄小巧、隽秀素雅之风格，往往以器形巨硕雄健著称，其中大罐一类堪称代表。目前所知元青花大罐有二式：一为铺兽衔环式，一为摩羯鱼耳式，后者最为稀少，存世不过4例，分别为英国布里斯托博物馆（The Bristol Museum and Art Gallery）藏品，伊朗德黑兰国家博物馆藏品（阿迪比尔神庙旧藏）和大英博物馆藏品，而唯一流通者则是本品。

以摩羯鱼为耳饰，纵观元代青花瓷器，除此之外，不曾见于运用在其他器形或纹饰之上。摩羯，又称摩伽罗，本是印度神话中水神的坐骑，其头部似羚羊，身体与尾部像鱼。佛教经典以其比喻菩萨普度众生，不到圆满成佛终不放弃，又因"摩羯以肉济人"，后来成为佛教圣物（见北魏杨衒之《洛阳伽蓝记》记述）。据目前考古材料表明，最早的摩羯鱼形象，出现于隋代李和墓石椁盖上的刻绘。而装饰于瓷器之上则始见北宋耀州窑，多为"摩羯戏水"等题材，流行装饰于酒碗内心。本品以之为耳饰，别致新奇，又与此类大罐的功能相呼应。无论铺首衔环式还是摩羯鱼耳式大罐，其功用主要是为王公贵族存储美酒佳酿，若如本品以摩羯鱼为装饰，则暗寓酒深似海之意。

在今天的北京首都博物馆中，一件瓷器非常抢眼，它的全称是"乾隆酱地描金粉彩镂空六方套瓶"【图9】。在鸿禧美术馆也有一件类似的藏品【图10】。它是一件集粉彩、洋彩、镂空等多种装饰技法于一体的乾隆时期的珍品，主体为酱褐色釉彩，用金银双色勾绘缠枝花卉等纹饰，六面镂空开窗，外瓶画着西番莲、佛手、寿桃纹等立体粉彩图案。内瓶画着青花，代表了中国陶瓷工艺的最高水平，是当时乾隆皇帝为新建成的圆明园西洋楼新添置的陈设和观赏的新式瓷器。这样的套瓶在烧制工艺上极其复杂，陈设和观赏的新式瓷器，费工、费料，据说当时只烧制了一对。

它既保持中国传统的烧造工艺，又要大胆创新，吸收西洋艺术长处，显得那样那样与众不同。瓷瓶上的纹饰与圆明园石刻的风格十分相似，因1860年英法联军焚掠圆明园时从西洋楼流出，被当时英国公使额尔金的私人秘书洛克爵士掠得，带回英国。但是洛克爵士并没有自己收藏，而是卖给了当时的大收藏家莫里逊氏。一对瓶中的另一只已经在1988年被台北鸿禧美术馆购得收藏，当时也是因着这样的收藏记录，以170万港元成交的。那么另一只六方瓶是如何流转入藏首博的呢，这其中的故事有血有泪。

2000年4月初，时任北京市文物局文物公司总经理的秦公先生手里拿着一本图录，急匆匆赶往公司。这本图录上刊登的正是香港苏富比拍卖行即将拍卖"乾隆粉彩镂空六方套瓶"连同三件铜喷水兽头文物的消息。这类国宝级的文物，按照有关国际公约，应该无偿地归还给中国。当时中国国家文物局也在第一时间得到了消息。按照有关国际法，召开了新闻发布会，对英国苏富比拍卖行的拍卖行为进行干涉，试图通过外交手段使国宝回归祖国。遗憾的是，当时香港在文物保

图9 首都博物馆藏清乾隆酱地描金粉彩镂空六方套瓶

图10 鸿禧美术馆藏清乾隆酱地描金粉彩镂空六方套瓶

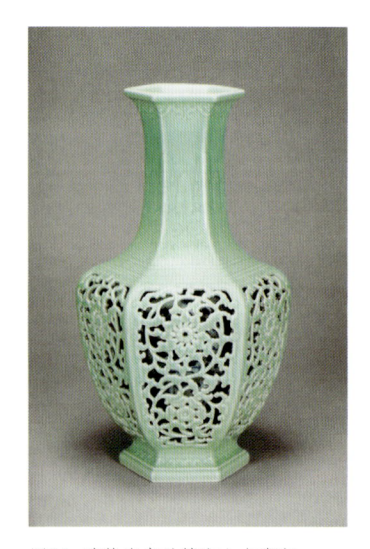

图11 清乾隆青釉镂空六方套瓶

图12 清康熙蓝地珐琅彩牡丹纹对碗

护的立法方面还不健全，没有参加这方面的国际公约。此时距离拍卖只有短短几天，北京文物局决定：由北京市文物公司派一名代表到香港现场参加竞拍，公司总经理秦公先生坐镇北京遥控指挥，研究竞拍策略，制订严密计划，一定要把宝瓶夺回来。2000年5月2日，星期二，五一国际劳动节第二天。北京市文物公司却没有假日的概念，秦公先生也已经几天没有合眼，他是北京市文物公司总经理，因为在文物鉴赏方面有着丰富的经验，收藏界都尊称他为"先生"。在秦公先生指挥下，拍卖现场经过6分钟，44个回合的争夺拉锯，北京文物公司最终以1900万港元不含佣金的价格，终于让这件中国瓷器登峰造极时期的顶级之作，回到了祖国。但事情的发展令人没有想到，由于连续几天的呕心沥血，秦公先生在竞拍成功的第8天，由于心脏病突发，病逝在工作岗位上，甚至没能来得及看一眼他花费心血抢救回来的宝贝。

据记载，唐英当年只烧制了一对这样的粉彩六方套瓶，但也烧制了一些青釉的六方套瓶【图11】，这在鸿禧美术馆的收藏中也有所体现，不过也已经由市场释出，曾作为2006年苏富比的封面，沉入外国私人收藏，至今未再露面。还有一对非常特别的红料康熙御制款珐琅彩的对碗【图12】，市场上见的多是单只的，成对的很少见。这对碗是赵从衍的收藏，然后被鸿禧收藏。

其实收藏什么物，交往什么人，遭遇什么事，冥冥之中，似有天意。这个天意，就是由种种主观原因和客观条件而综合形成的种种环境和机遇，亦即缘分，全不由人。明白了这个道理，就可以让我们以一种从容的心态，坦然对待收藏，乃至人生中的聚散、分合、成败、得失，从而经由收藏这道方便之门，修炼出一种得失随缘、喜乐由之的人生境界。从而在缘起缘落、缘聚缘散的收藏过程中，尽情体验和享受人生的喜悦和快乐。

玫茵堂
Meiyintang

2014年香港苏富比的拍卖仿佛就在昨天，几百年来最具市场人气和民间知名度的名品——成化斗彩鸡缸杯，从杜福思夫人、坂本五郎、埃斯卡纳齐到玫茵堂的显赫传承，再到刘益谦以2.8亿港元竞得后任性地用它喝上一口茶，所有的一切或许放在几十年后都会让人们津津乐道。

在鸡缸杯上拍之前，"玫茵堂"的名字还远远没有为中国的大众所知，仅仅是对业内人士来说，如雷贯耳，像神一般存在的名字。

富有传奇色彩的玫茵堂收藏，被誉为是20世纪西方收藏界中最杰出的中国艺术品私人收藏，可与闻名遐迩的大维德比较，并且是除两岸故宫博物院收藏以外，冠绝中西的最齐全、最重要的中国古代陶瓷收藏。

玫茵堂主人并不是一个人，而是来自瑞士的斯蒂芬·裕利（Stephen Zuellig）和吉尔伯特·裕利（Gilbert Zuellig）兄弟两人。兄弟二人出生于菲律宾，苦心经营六十载，将他们的父亲在马尼拉创立的商行发扬光大。裕利集团目前是亚洲领先的医疗服务及药品提供商，年营业额达120亿美元。他们打造了庞大的商业帝国，也成就了玫茵堂的收藏传奇。

玫茵堂，取意玫瑰如茵、花开遍地之意，现实中的玫茵堂坐落于瑞士苏黎世东南。裕利兄弟的祖父于1912年购置了这处房产，现今这里长长的地下画廊被用于陈列家族的珍藏。20世纪50年代中期，裕利兄弟就开始把他们创造的财富用于购买中国的艺术品。玫茵堂的传奇里，分别留下了Helen Ling、仇焱之、埃斯卡纳齐与David Priestley的印记，正是这些知识渊博、经验丰富、眼光独到的大行家们，协助裕利兄弟迅速而准确地找到理想的藏品。

60年代初，裕利兄弟认识了著名的新加坡古董商Helen Ling。Helen Ling是新加坡东南亚陶瓷学会的创立人之一。在Helen Ling的指导下，裕利兄弟开始了真正的收藏之路，并有了明确的分工：哥哥斯蒂芬专门收藏元、明、清三朝的瓷器；弟弟吉尔伯特则专注新石器时代至宋代的高古陶瓷。通过Helen Ling介绍，裕利兄弟又结识了当时著名的香港收藏家兼古玩商大行家仇焱之。1980年仇焱之去世后，裕利兄弟又辗转认识了伦敦著名的古董商埃斯卡纳齐。1989年，埃斯卡纳齐为里奇家族收藏举行了艺术展销，斯蒂芬在此购入了数件藏品，并因而成为了埃斯卡纳齐的重要客户。在此后的20多年里，埃斯卡纳齐一直是玫茵堂后期购藏的经纪人，并为其搜罗了160多件陶瓷珍品。

殷实的财力需要在坚持原则与富有眼光品位的基础上，才能发挥出最大的价值，否则，也仅仅是浪费或者炫耀而已。除了上述世界级重要古董商的指导与协助外，裕利兄弟也靠自己的品位与眼光，在全球重要拍卖会上竞买珍罕的陶瓷精品。"先生善于运用自己无懈可击的判断力独自审视。在挑选器物时，他会反复斟酌权衡，绝不会单纯为填补空缺项而购买。"这是来自埃斯卡纳齐对玫茵堂主人的评价。

很多人不知道，除了香港苏富比6场玫茵堂专拍所呈现的元明清三代瓷器外，玫茵堂珍藏的青铜器和高古陶瓷器也堪称天下罕匹，人间鲜对。2013年，玫茵堂珍藏的600多件珍贵的高古陶瓷器被瑞士苏黎世的Rietberg博物馆借展，将在那里长期展出15年。

仇焱之在这对兄弟心中深植的，除了对中国艺术品的热爱外，我想还有某种程度的敬畏，是对于悠久岁月中，中国这片大地上所塑造的辉煌文明的倾慕之心。与喧闹繁华的明清瓷器相比，玫茵堂收藏的朴素的高古陶器，犹如智慧的老者，以"素朴"的模样，揭开上古的密码。

龙凤一直被视作中华文明的图腾，"龙飞凤舞"，两种被作为图腾标记的动物"飞""舞"所代表的正是原始社会一种狂热的巫术礼仪活动。后世的歌、舞、剧、画、神话、咒语……在远古是完全糅合在巫术的礼仪活动中的，如火如荼，如醉如狂。

1973年出土于青海省大通县上孙家寨新石器时代马家窑文化的舞蹈彩陶盆【图1】，现收藏于国家博物馆。这个彩陶盆的照片，中学教科书上就有，被视为举世无双的国宝。玫茵堂的收藏中也有一件相似的彩陶群舞纹盆【图2】。那是一只制作于人类童年时期——新石器时代的橙色陶盆，上面描绘的舞蹈图案是原始歌舞最早的写照。

图1 国家博物馆藏马家窑文化舞蹈纹彩陶盆　　　　　　图2 玫茵堂旧藏新石器文化舞蹈纹彩陶盆

玫茵堂收藏的这件陶盆上的舞蹈纹共分三组，每组有舞蹈者五人，手拉着手，踏歌而舞，面向一致。他们头上有发辫状饰物，身下也有飘动的饰物，似是裙摆。你看他们那活跃、鲜明的舞蹈是那么轻盈齐整、协调一致、生机盎然、稚气可掬……大概属于比较和平安定的传说时代，即母系社会繁荣期的产品吧？盆中盛水时，舞人可与池中倒影相映成趣。小小水盆成了平静的池塘，池边欢乐的人群映在池水之上，韵味让人心醉。原始的舞蹈才真是原始的审美感情，最直率、最完美，却又是最有力的表现。这件彩陶盆，不仅真实生动地再现了先民们群舞的热烈场面，更浓缩积淀着原始人们强烈的情感、思想、信仰和期望。

从上古水池边的踏歌而舞，到商周青铜器上狞厉的美，中国人一直在找寻自己的上帝，某种超乎世间的权威神力。大约在两汉之际，佛教开始传入汉地，从此成为中国人供奉和祭拜的最主要精神偶像。唐代佛教盛行，宣扬佛教的题材渗透到艺术和生活的方方面面，同时也出现了许多与佛教有关的新型陶瓷器具，军持就是其中的一种。

它虽叫作"军持"却和军队半点无关。军持也叫净瓶，是用以容水的器具，为佛教僧侣"十八物"之一，云游时可随身携带以储水。它源出于佛国印度，后随佛教传入中国、日本、朝鲜等地，因梵语音为"捃雅迦""军持"，中国翻译为净瓶或军持。唐代军持为佛教专用，数量远少于日常器物，能传世到今天的凤毛麟角。

在唯一一部有关玫茵堂收藏的公开出版物、由德国学者康蕊君（Regina Krahl）编辑的《玫茵堂珍藏中国陶瓷》中，我们能看到玫茵堂收藏的数件唐代军持【图3】。从目前发现的实物来看，唐代军持以白釉居多，也有黑釉、蓝釉及三彩。玫茵堂所藏军持的釉色有白釉、酱釉、黑釉、绿釉、三彩白地蓝彩……蔚为大观。

唐代军持造型独特，有两个口，口上有盖，一个口"粗如铜箸"，置于"高两指"的长颈之上，颈部有凸起的尖台，此口是出水饮用的；旁侧的口"孔如钱许"，在"竖高两指"的旁颈之上，此口是用来添水的。据《大唐西域记》记载，军持的用途之一是净手，除此之外，还可以用来饮水，而用军持饮水就比较讲究。金属制，比如铜铁之类的军持，一般不用于饮水，而瓷质的军持则更加清洁，多用于饮水。这就是佛教中的净触之分。

既然是盛水器，用来洗手饮水，为何不设置手柄？唐代军持的设计看似麻烦，实则巧妙至极。古人取水几乎都不是以灌注的方式，而多是在小溪、小河里以浸入的方式取水，一出一进，一大一小的两口，在进水时，僧侣们只要抓住颈部细口，把军持沿肩口没入水中，加满后提起。这种情况下执壶这类器形就不太适用于野外生存了，而军持这一造型就很好地解决了这个问题，细高颈的设计可以在行走颠簸时防止水的飞溅。这个用法看似简单，其中蕴含非常巧妙的设计。有的军持肩部的进水口带有盖子，可以防止野外蚊虫进入。出水时，只要把军持抬起，肩口朝上，顶部口朝下，瓶内的液体便会以合适的出水量出水。唐代诗人贾岛曾经在诗句中写道，"我有军持凭弟子，岳阳溪里汲寒流"。可见军持这种具有实用功能的器物不光在佛教徒中使用，也深入了寻常百姓家。同时在佛教中又具有了佛教法器、祭器的功用，在很多佛

图3 玫茵堂藏唐代军持一组

教题材的作品中，我们经常可以看到佛像手持军持的画面。

玫茵堂所藏这组唐代军持，颜色各异，汇集当朝之精粹，尽显佛门以清洁通达智慧之境。而另一组唐代点彩女俑【图4、5】，更可一窥盛唐之娉婷。唐代女子地位之高为历代所未及，中国唯一女皇帝武则天，即出于此时。被玫茵堂悉心珍藏，安度百年收藏的这些仕女形象，成为当今的我们回望历史，追溯文化、艺术的一个独特的窗口。

唐代工匠在"以肥为美"风尚的影响下，根据女性的等级地位，刻画出不同形象的仕女。这些女俑大多体态较胖，但并不臃肿，而是雍容富贵，娇媚动人，被现代人笑称为"胖妞肥婆"。"胖妞"指的是青春少女，"肥婆"嘛，当然就是年龄稍长的已婚贵妇。其实这只是一种笑谈。仕女俑表现的都是中国历代那些美丽聪慧的女子，是每个历史时期人们审美取向的集中表达。玫茵堂珍藏唐代女俑釉彩保存完好，加施特殊的点彩技法，效果斑驳华丽，衣袍及帔帛刻画细致入微，足见匠工造诣。市场中几乎未出现可媲美之作。2016纽约亚洲艺术周苏富比中国艺术珍品专场上，一件唐三彩女坐俑（LOT272）【图6】以近866万元成交，或可与玫茵堂所藏之精品相比较。

长期以来，玫茵堂中老窑瓷部分由于被借展，在流通市场中罕见。其中一些是国内博物馆都没有的品种，比如早期白瓷，隋唐时期的巩县窑就是个大大被低估的窑口。说到"南青北白"，人们以往会想到的是南方的越窑青瓷和北方的邢窑白瓷，其实，巩县窑白瓷的出现比邢窑更早一些。

图4 玫茵堂藏唐点彩女俑   图5 玫茵堂藏唐点彩女俑   图6 唐三彩女坐俑

图7 隋/初唐白釉象形烛台　　　　　　图8 玫茵堂藏隋/初唐白釉象形烛台

图9 玫茵堂藏南宋官窑青瓷葵瓣洗　　图10 玫茵堂藏北宋汝窑刻"丙"字圆洗

1000多年前的隋代，巩县窑烧出一种精细透影，薄如纸、白如雪、质如玉、光如镜的白瓷，和之前的瓷器风貌有着天壤之别。然而这种神品的存在是昙花一现，转瞬就消失了。由于目前还没有系统的窑址发掘报告，关于隋白的身世还是个谜。在同一个时期，河南地区还有其它窑口也能烧造质量很高的白瓷。2016年佳士得"开元大观"专场中，一件隋/初唐白釉象形烛台【图7】拍出1916万港元，是目前公开市场价格最高的隋白。同款隋白大象，在已知资料中不足5件，是比明成化鸡缸杯还要少得多的器物，其中一只为玫茵堂所有【图8】。

玫茵堂老窑瓷的收藏名品迭出，南宋官窑青瓷葵瓣洗【图9】、唐三彩蹲狮、北宋汝窑刻"丙"字铜沿圆洗【图10】……这件汝窑洗和故宫博物院的一件如出一辙，应是清宫旧藏流出。可见玫茵堂诸多收藏亦身世显赫。

玫茵堂所藏北宋定窑白地咖啡釉剔牡丹纹梅瓶【图11】，曾作为1980年纽约苏富比Eugene Bernat夫妇专场封面。说到Bernat夫妇，可能大家都不太了解，但是说

图11 玫茵堂藏北宋定窑白底咖啡釉剔牡丹纹梅瓶 　　图12 玫茵堂旧藏明永乐釉里红海水白刻龙纹大梅瓶 　　图13 故宫博物院藏明永乐釉里红海水白刻龙纹大梅瓶

"天外飞仙"应该是人尽皆知了。曾经属于临宇山人的这只备受关注的黑定盏在更早的时候就是Bernat夫妇的旧藏，也在1980年纽约苏富比这一专场售出。它并不是当年的封面器物，通过成交记录单，我们可以看到"天外飞仙"盏当年的成交价是40万美元，而封面的瓶子是50万美元成交。1989年伦敦苏富比，这件定窑梅瓶又出现在英国铁路基金会专场，经过9年时间溢价两倍多，以132万英镑成交，在当时也是一个天价。后入玫茵堂收藏。

玫茵堂汇聚了超过2000件藏品的私人收藏体系，囊括了从中国新石器时代的陶器到高古时期的青铜器，以及时间跨度从公元前11至12世纪直至宋、元、明、清的瓷器，堪称是一部中国陶瓷史。一个如此重要而庞大的私人收藏，在过去的几十年内，却保持着不可思议的低调。

在玫茵堂的藏瓷中，若论最富传奇性的器物，那一定不能少了曾借展于大英博物馆的永乐釉里红海水白刻龙纹大梅瓶【图12】。它的历史串起了收藏界诸多重要的人物，或是失之交臂，或是珍之藏之。

这个梅瓶的故事从戴润斋开始，他对于这件藏品的来历语焉不详，坊间有说是20世纪30年代他在上海购买的，也有传说是得自50年代的美国小拍。戴润斋，成为这只梅瓶收藏记录可溯源的起始。1960年至1970年这十年间，它开始走进收藏圈公众视野，成为许多人魂牵梦绕的宝物。

这件梅瓶造型独特。一般的梅瓶肩部丰满圆润,腹部和元代相比更加开阔稳重,而这只梅瓶收腰纤细,足部外撇,这种造型在以前的永乐梅瓶中几乎没有见过。

从1960年起,美国博物馆专家李雪曼教授关注这只梅瓶已经整整十年,十年间,他不停地拜访戴润斋,希望能买到这件罕见的梅瓶,但精明的戴润斋每次都会开出一个令人难以接受的高价,高到李雪曼每次都要用一年的时间去消化它。而当第二年,李雪曼做好心理准备再次登门求购,"我接受您去年的开价","不,这是今年的价格"。梅瓶又涨价了。每拜访一次,就涨价一次,1970年终于涨价到100万美金时,李雪曼放弃了。在20世纪六七十年代,一件瓷器要100万美金是非常惊人的。

在李雪曼之前,美国著名学者、元青花专家约翰·波普就想为弗利尔美术馆买下这件瓷器,因为波普知道在伊朗阿迪比尔博物馆的青花藏品中有一件类似的永乐青花梅瓶,虽然品种不同,但造形非常相似。但是由于价格太高,波普博士未能实现成交。当时是1959年,戴润斋给出的价格是2万美金,这距离11年后给李雪曼开出的100万美金,价格涨了50倍。

1988年,梅瓶遇到了真正有魄力的两位买家。其一是埃斯卡纳齐,他因买下元青花鬼谷子下山图大罐名噪一时,足见其魄力;另一位是苏富比亚洲区前总裁蓝捷里(J.J.Lally),他们联手以200万美金的价格购入重器,不久后便卖给了一位香港藏家。据说,当时这位藏家热泪盈眶,连声感谢,但没想到仅过了两周,这位藏家变了卦,也许是对真伪拿不准或是别的原因,取消了交易。后来两人找到当时业内研究明

图14 玫茵堂旧藏明宣德青花鱼藻纹棱口洗　　　　图15 玫茵堂旧藏明洪武釉里红棱口折沿大盘

代瓷器的著名专家,经研究一致认为,梅瓶为真品无疑。

  古物与人的缘分有时就是奇妙。这样的乌龙,却让玫茵堂成为了最后的赢家,他们从埃斯卡纳齐手中买下这件梅瓶,成为梅瓶下任的主人。无论青花品种还是釉里红品种,这个器型特别的梅瓶像个圆肩细腰着裙的女子,造型秀美又不失稳重,它的龙纹是填刻而出的,龙眼由钴料和铜红釉点睛,烧成之后龙眼因此神采奕奕,整个龙纹非常刚劲有张力。目前所知,这种器形的永乐釉里红梅瓶就两只,一只为故宫博物院旧藏【图13】,常年秘不示人,几乎未见公开发表;一只就是玫茵堂收藏的,后售予美国西陵艺术基金(Xiling Collection),并被大英博物馆借展。

  在我看来,从时间轴来说,玫茵堂藏瓷中,明代瓷器是其最精华的部分。从陶瓷美学和工艺角度来看,玫茵堂珍藏明代瓷器深入诠释了中国古代皇家制瓷的辉煌成就,给世界各地的陶瓷收藏家一个最好的参照标尺。

  若干年前,玫茵堂的主人之一,弟弟吉尔伯特·裕利的遗孀找到苏黎世Rietberg博物馆馆长,希望将家中的藏品放在该馆展出,并提出将提供赞助;而玫茵堂的另一位主人,哥哥斯蒂芬·裕利一支,则决议出售其藏品,于是就有了苏富比年复一年的玫茵堂专场,在收藏界树立了一个又一个中国陶瓷拍卖的里程碑。

  2011年,正值各地艺术市场上中国皇家陶瓷价格不断摸高亿元线的时期。4月,苏富比春拍推出首场"玫茵堂珍藏——重要中国御瓷选萃",挑选的77件玫茵堂藏品中以明代青花、单色釉等唱

图16 明永乐青花如意垂肩折枝花果纹梅瓶

图17 明宣德青花暗花海水游龙图高足碗

图18 明永乐青花荔枝绶鸟图大盘

主角。这一场中，明宣德青花鱼藻纹棱口洗（LOT0054）【图14】，以及明洪武釉里红开光式"寿鞠图"棱口折沿大盘（LOT0043）【图15】，分别以4299万元和3450万元摘得全场拍卖桂冠。紧接着，2011年秋拍，苏富比再次推出"玫茵堂珍藏（二）"，其中一件明永乐青花如意垂肩折枝花果纹梅瓶（LOT0011）【图16】是苏富比在近三四十年里推出的最好的梅瓶之一。梅瓶以1.68亿港元成交，创下并很长一段时间保持着明代瓷器的世界拍卖纪录，直到2014年，玫茵堂最著名的藏瓷之一，明成化斗彩鸡缸杯以2.3亿元的价格被刘益谦买下。

2012年，苏富比再推"玫茵堂珍藏（三）"，有一件明宣德青花暗花海水游龙图高足碗【图17】，以最高成交价1.12亿港元的价格成交。宣德青花瓷的器形品种，在继承永乐的基础上，又有许多创新，其中之一就是双龙大杯，此杯呈碗形，敞口弧腹，下腹高足，足中空，故又有高足碗之称。众所周知的是，宣德官窑瓷上的龙，比元瓷上画的龙，形体更为健壮，双目圆睁，披发上扬，多为滚轮形的五爪，爪趾尖利有力，龙身有腹背之分，鳞片的刻画比元代的复杂。无论是云龙或是海水龙，都矫健雄强，分外威猛。宣德瓶、尊、碗、盘之类的青花瓷，大多绘以龙纹，而龙纹画在这种高足碗上，似觉更具有美感。因为这种碗形上丰下敛，杯口与足底不同程度地外撇，使整体在形式法则上既稳定、又生动，与龙的动态十分协调呼应，因而备增艺术感染力。大明宣德时期的青花高足碗是十分罕有的精品，尤其是带款的。几乎在博物馆外的藏品中很少见到。

"玫茵堂珍藏（三）"专场，除了这只备受瞩目的高足碗，另有一件明永乐青花荔枝绶鸟图大盘【图18】，径近60厘米，如此之大当是世界级的孤品了，估价达到5000至8000万港元。拍前，拍卖行也为包括这件盘子在内的几件高价值拍品大力造势，期待一个理想的落槌价，但盘身有一条冲线横贯整个盘子，几乎把盘子分为两半，残损的状况过于严重，加之较高的估价，最终导致这件大盘流拍。

青花之外，从玫茵堂所藏明代单色釉瓷也可得见玫茵堂主人收藏的独特品位及特殊用心。最近出现的一只是于2017年11月佳士得乐从堂专场上拍的明宣德黄釉仰钟式碗。这只碗为玫茵堂得自埃斯卡纳齐处，曾于2012年香港苏富比"玫茵堂珍藏（三）"上拍（LOT0015），成交价当时仅次于宣德青花暗花海水游龙图高足碗。明代早期单色釉极其珍罕，而这件黄釉碗不但出身良好，难得品相完美，具有极高的艺术水准，属于市场上极其罕见的重要作品。结果以2698万港元成交，折合人民币2200

万元。另有2013年，"玫茵堂珍藏（五）"中以676万元成交的明宣德红釉敞口盘（LOT0009），是迄今宣德红釉器中的成交价最高者。

明宣德时期制瓷业发展迅猛，一种源自西亚的釉色——孔雀蓝釉取得很大进展，特别是在统治者对御厂瓷的严格要求的促使下，单色釉、釉下青花制品精益求精，在当时孔雀蓝釉制品就是极其名贵的官窑瓷器，成功的作品不多。而在明代晚期，这一被大多古陶瓷收藏家公认的美丽釉色，曾一度产量剧降，难觅踪影。有明一代，嘉靖一朝生产的瓷器是最多的，颜色釉中以蓝釉为最罕。2012年玫茵堂专场（三）LOT0031明嘉靖青地孔雀蓝彩穿莲游龙图盖盒【图19】以1055万港元成交，小小一件器能被追捧到千万元的天价，可见其美丽色彩对于收藏界的诱惑力。

图19 明嘉靖青地孔雀蓝彩穿莲游龙图盖盒

美国《纽约时报》曾就即将结束的人类过去的1000年历史，举办了一次题为"活在最好的时代"的座谈会，让学者专家们选择他们认为世界上最理想的年代和居住地。美国著名清史权威史景迁教授希望生活在16世纪中国明朝嘉靖万历年间的江南地区。这个时期，商品经济的发展，工商业的繁荣，超过了以往的任何一个朝代，尤其手工业得到明显进步，瓷器制作分工越来越细。五彩瓷器是明代嘉靖、万历时期瓷器生产中最为著名的品种，色彩艳丽浓重，对比强烈。由于当时朝廷下达的烧造任务巨大，工匠为了及时完成任务，在追求数量的情况下，质量无法保证，所以这时期的纹饰一般都不够工细，常有釉上彩料溢出轮廓线外的现象。嘉万五彩瓷，以绘人物图者为其上品。玫茵堂专场（一）上拍明万历五彩舞蹈人物图鼓式盖罐【图20】，经徐展堂和蓝捷里递藏，后入玫茵堂。以

图20 明万历五彩舞蹈人物图鼓式盖罐

图21 清乾隆御制珐琅彩古月轩题诗锦鸡花石胆瓶

五彩持扇起舞图为主题装饰，二舞者服饰相近，双手持黄、白蕉叶扇者皆着绿袍白裤，戴青花犀角帽，一手持青花折扇者衣青袍白裤，顶红彩方胜帽，舞姿生动。各色釉彩搭配有致，于绚丽浓艳中透出几许含蓄柔和之美，为万历朝五彩瓷器的一件代表佳作。

有人说是因玫茵堂与仇焱之的缘分，缔结了苏富比与玫茵堂的缘分，并创造了艺术拍卖历史上这一连串的史诗级传奇。仇焱之是20世纪世界范围内最负盛名的古董商之一，蜚声海外，庋藏甚丰。1967年，仇焱之举家移民瑞士，定居日内瓦，裕利兄弟全力协助，双方遂成为亲密好友，当然，裕利兄弟的收藏也从此在仇焱之的协助下数量渐丰，品质精进卓越，并收获了数件重要的珍藏，也把玫茵堂收藏带入了公众的视野。

仇焱之的收藏原则对裕利兄弟影响颇深。以清瓷为例，优先考虑大件瓶罐盒类，碗杯之属次之，而盘碟类则更后。这条如今已广为人知的黄金收藏法则，玫茵堂绝不是唯一遵循者，但毋庸置疑的是，他们是最为严格的执行者。

谈起玫茵堂的清代瓷器，2011年玫茵堂专场（一）有一件估价高达1.8亿港元的乾隆御制珐琅彩古月轩题诗锦鸡花石胆瓶（LOT0015）【图21】。这么高的估价，在当时可以说是把早前拍卖的很多天价瓷器远远甩在了后面。

胆瓶高20.3厘米，主题纹饰绘牡丹、菊花及一对雉鸡。雌雄雉鸡描绘生动逼真，雄雉鸡一足独立于老枝之上，全身的羽毛鲜艳夺目，色调淡雅的雌雉鸡蹲伏于侧。瓶颈部题诗"朝朝笼丽月，岁岁占长春"，诗首尾押"佳丽""四时""长春"闲章3方，卧足内为"乾隆御制"蓝料款，极为少见。此次拍卖的锦鸡花石图胆瓶，器形和图案与之类似的，全世界已知的仅有4件。分别藏于天津艺术博物馆、台北故宫博物院，另一件已于2005年在香港拍卖，成交价为1.1548亿港元。

这只胆瓶是玫茵堂在1997年香港苏富比秋拍中被埃斯卡纳齐以992万港元购得的，即使是百万级的价位，在90年代也是颇为昂贵的，直至2011年玫茵堂专场当中这件乾隆瓷瓶再次现身。1.8亿港元的高估价外，当时这件拍品对于买家的资格有相当苛刻的条件，于是很多有意愿的藏家纷纷被挡在门外，最终却遭到了流拍。拍卖结束后立刻有买家找到苏富比进行私洽，最终这件乾隆瓶以2亿港元成交。

如果以玫茵堂藏瓷作为中国瓷珍的最高的收藏体系来看，我认为老窑瓷及明瓷的部分当之无愧，而玫茵堂所藏清代瓷器，我个人认为相较于前者稍逊，但也不失惊艳、珍贵之精品。

从2011年到2015年，香港苏富比陆续推出玫茵堂藏元、明、清瓷器精华专场拍卖，玫茵堂藏瓷精华基本已呈现在世人面前。2017年春拍，北京保利再推"瑰映如茵——玫茵堂暨欧美搜储康熙、雍正御窑精华"专场，呈现一组康熙朝官窑瓷器名品十二月令花神杯【图22】，依月令之数为一套。一花一月，并配诗文。康熙花神杯是根据传统花朝节的传说，选取百花中代表农历十二月份的月令花卉绘制而成，一套十二件，统一尺寸，统一造型，杯体轻盈秀巧，雪白莹润。一面以精致的五彩绘写当月的花卉一种，配以丛石草木、飞禽小虫，另一面以青花题写相配的唐人名诗佳句，诗尾再配上青花方章篆书"赏"字，底圈足内再落双行或三行六字年号款。这种精心设计、精巧迷人的杯子，结合了诗词、书法、绘画、篆刻四种艺术于一身，是富有浓郁的文人艺术气息的康熙朝瓷器名品。

全部的瓷器收藏家都以集齐一套花神杯为荣，这股风气至少从清末已经兴起。寂园叟是光绪时候的人，他在《陶雅》中说，花神杯有青花及五彩，质地很轻薄，"昔者十二杯不过数金，所在多有""青花价值且亦不甚相悬也！""昔者"也许是他年轻时，或者更早一点的时候的清代中晚期，一整套十二杯的价格并不是很贵，而且数量很多，而且青花花神杯与五彩花神杯的价格还相差不大。但由于古董商对十二月五彩花神杯的重视，以及藏家想凑一套的心态驱使，五彩花神杯渐渐少了，到了今天，要凑齐一套已经很困难了。

从我过手的实际经历来看，花神杯的质量并不很稳定，有的画得比较精细，有的较粗糙，甚至有的坯体已变形，但依然被上彩烧造。

2013年佳士得"雅趣流芳——陈玉阶珍藏中国艺术精品"上拍两只花神杯，青花杯以75万港元成交，五彩花神杯却达到了327万。

一件瓷器为什么那么吸引人，有时候也说不出道理来。我想无非是两点：第一，花神杯集诗、书、画、印于一身，艺术造诣很高，蕴含文人情怀，在瓷器中极为雅致，这种品格非常吸引人；第二，五彩花神杯一套十二只，要想凑齐一套相当困难。在我这么多年的拍卖经历中，很难见到真正成套上拍的。

1996年，天津文物公司的春季拍卖会上出现过一整套十二只五彩花神杯，在当年以将近200万人民币的价格成交，之后又再次上拍，价格亦再次猛增，被海外藏家拍走。

图22 清康熙五彩十二月令花神杯

再就是2012年的香港苏富比玫茵堂专场，也出现过一套十二只花神杯。玫茵堂的一生，虽凑齐一套藏家梦寐以求的花神杯，但并不真的成套，有一只二月杯的写款是竖的，其他都是横的，是拼凑而成，也看出玫茵堂对于集齐一套花神杯求而不得之苦心。但当时一套估价也高达上千万港元，因而流标。2017年，保利再次得到这套玫茵堂藏十二花神杯，选择拆开来卖。没想到被一位国内瓷器藏家一口气买下，除了写款不同的2月杯和有瑕疵的6月杯外，十只全部买下。原来他也早有心思要收藏花神杯，传承玫茵堂集齐花神杯之意趣。那么这次一口气买下十只，只余两只，相信藏家的这个愿望很快就可以达成了。

据保利拍卖李移舟先生在拍卖图录序文中介绍，几年前，当时已有97岁高龄的玫茵堂主人斯蒂芬正悠游于吕宋岛之马尼拉，南中国海之九龙半岛与风光迤逦的南法"蔚蓝海岸"之间。他告诉友人自己前不久专门飞去香港买入一件新藏品，一只汉代陶制小鸟，嘴衔着一只碗，造型十分别致。这件器物价值十余万港元，不过玫茵堂主人往返亚欧间私人飞机的费用是22万美元。专攻新石器时代到宋代之间的早期陶器的弟弟吉尔伯特已于2009年去世，为得到这件汉代陶器，哥哥不远万里，是为完成弟弟未完成的事业，也为续写玫茵堂之不断绝的收藏传奇。

玫茵堂可以说是半个世纪以来，最了不起的，甚至是唯一的，站在西方世界的角度，对中国陶瓷史所做的一次宏观的通史性的收藏，从藏品种类、质量，及所展现出的中国陶瓷艺术的方方面面，均可谓世界首屈一指。玫茵堂的收藏清晰地展现了中国陶瓷伟大的精髓，在现在以及未来，很可能再没有收藏家能达到如此的高度，不仅因为财力、运气，更因时代机遇。玫茵堂的收藏体现了藏家把器物的质量、美观、稀缺性和其他的迷人特征摆在商业价值之前的一以贯之的品质。

即使是最好的时代、最伟大的收藏家，他的精力和时间总是有限的。面对几千年来遗留下来的陶瓷瑰宝，即便拼尽全力、耗尽一生，也是杯水车薪。玫茵堂能够建立最精美的中国陶瓷私人收藏，在于两兄弟均有知识、艺术敏感度和坚定决心，这些是优秀收藏家所必备的品格。兄弟俩又各自有专攻方向，它们从不一起出现在古董店，是各自独立的在自己的领域深耕经营，他们的个人品位确保了收藏的质量。几十年之后，当他们的收藏合体以"玫茵堂"问世，哥哥或弟弟，成为一个标签或丰碑。玫茵堂主人，他们建立起的对中国陶瓷的完整记录，超过了今天大多数的博物馆。

而这样极为宏大的序列收藏，最终却在一场场拍卖中散佚殆尽，实在令人痛心。

如果能够像我们所知道的大维德基金会那样，通过基金或慈善捐赠的方式，完整地留存在某一博物馆或美术馆内常年对公众展出，对藏品来说，也许会是一个更好的归宿。当然从另一个角度说，玫茵堂藏瓷可以说汇集了近四五十年以来拍卖场上出现过的明清瓷器精华，近几年能再次拍出，这也是时代赋予其他藏家的机遇。

图书在版编目(CIP)数据

收藏之眼:20世纪海内外中国陶瓷收藏大家/刘越著.--上海:
上海书画出版社,2018.8
（艺术与鉴藏）
ISBN 978-7-5479-1840-1

Ⅰ．①收… Ⅱ．①刘… Ⅲ．①古代瓷器－鉴赏－中国 Ⅳ．
①K876.34

中国版本图书馆CIP数据核字(2018)第159856号

收藏之眼:20世纪海内外中国陶瓷收藏大家
刘越 著

责任编辑	眭菁菁
审　　读	雍　琦
责任校对	朱　慧
技术编辑	包赛明
封面设计	王　峥

出版发行	上海世纪出版集团 上海书画出版社
地址	上海市延安西路593号　200050
网址	www.ewen.co www.shshuhua.com
E-mail	shcpph@163.com
制版	上海文高文化发展有限公司
印刷	上海画中画包装印刷有限公司
经销	各地新华书店
开本	787×1092　1/16
印张	12
版次	2018年8月第1版　2020年1月第2次印刷
书号	ISBN 978-7-5479-1840-1
定价	88.00元

若有印刷、装订质量问题，请与承印厂联系